“十四五”职业教育国家规划教材

运动按摩

高颀　刘冬森　主编

北京体育大学出版社

策划编辑：佟　晖
责任编辑：佟　晖
责任校对：李志诚
版式设计：李　鹤

图书在版编目（CIP）数据

运动按摩 / 高颀, 刘冬森主编. -- 北京 : 北京体育大学出版社, 2024.1
ISBN 978-7-5644-3972-9

Ⅰ. ①运… Ⅱ. ①高… ②刘… Ⅲ. ①按摩－体育保健学 Ⅳ. ①G804.3

中国国家版本馆CIP数据核字(2023)第253934号

运动按摩
YUNDONG ANMO　　　高颀　刘冬森　主编

出版发行：北京体育大学出版社
地　　址：北京市海淀区农大南路1号院2号楼2层办公B-212
邮　　编：100084
网　　址：http://cbs.bsu.edu.cn
发 行 部：010-62989320
邮 购 部：北京体育大学出版社读者服务部 010-62989432
印　　刷：北京雅图新世纪印刷科技有限公司
开　　本：787mm × 1092mm　1/16
成品尺寸：185mm × 260mm
印　　张：8.25
字　　数：130千字
版　　次：2024年1月第1版
印　　次：2024年1月第1次印刷
定　　价：40.00元

教材编写组

主　编：高颀　刘冬森

编　委：（按姓氏笔画排序）

白震民　张　新　侯世伦

目录

第一章
按摩的作用及应用原则

内容提要和学习指导

本章主要介绍按摩的作用，按摩的应用原则，按摩常用的介质，按摩的基本原理，按摩的卫生要求，按摩的方向要求，按摩的时间、次数和强度。按摩时必须严格把握适应证和禁忌证，同时要选择合适的按摩介质，注意卫生要求，这样才能使按摩达到最佳效果。

学习目标

掌握按摩的适应证、禁忌证及注意事项。

掌握按摩的时间、次数和强度。

熟悉按摩的作用及原理。

了解按摩介质的作用和种类。

了解按摩的卫生要求及按摩的方向要求。

知识点导图

- 按摩的作用及应用原则
  - 课堂教学
    - 按摩的作用
      - 对运动系统的作用
      - 对循环系统的作用
      - 对神经系统的作用
      - 对呼吸、消化系统的作用
      - 对皮肤的作用
      - 对运动损伤的治疗作用
      - 对某些运动性病症的作用
    - 按摩的应用原则
      - 适应证
      - 禁忌证
    - 按摩常用的介质
      - 按摩介质的作用
      - 按摩介质的种类
      - 按摩介质的选择
  - 课后自学
    - 按摩的基本原理
    - 按摩的卫生要求
    - 按摩的方向要求
    - 按摩的时间、次数和强度

课堂教学

（一）按摩的作用

按摩通过行气活血、疏通经络、温养筋脉的局部作用及调和气血的全身作用来产生治疗效应。

1. 对运动系统的作用

（1）对肌肉的作用。

按摩能使肌肉中闭塞的毛细血管开放，增加局部的血液供应，预防关节过度牵拉引起的肌肉损伤，促进肌肉损伤修复，提高肌肉工作能力；能迅速有效地消除肌肉疲劳（与单纯休息相比）；预防和治疗废用性肌萎缩。

（2）对骨关节的作用。

按摩能使关节处局部皮肤温度升高，改善关节血液循环；增强韧带、肌腱的弹性；促进关节滑液分泌；消除关节囊的挛缩和肿胀；增加关节运动幅度，预防关节过度牵拉引起的损伤。

相关文献资料表明，按摩还能促进钙质的沉积，增加钙的吸收，有利于防治骨质疏松。

2. 对循环系统的作用

按摩能促进人体的血液循环，使周围毛细血管扩张、血流加快，减小大循环的阻力，降低血压，减慢心率，从而减轻心脏的负担。

按摩能加速静脉血液和淋巴液的回流，改善肌肉和内脏的血流量，以适应内脏活动的需要，缓解肌肉紧张。

按摩能提高血液中红细胞和血小板的含量及白细胞的吞噬能力，增强机体抗病能力。

3. 对神经系统的作用

高强度的运动训练和比赛常常会给人体机能带来显著的影响，这主要表现在神经系统方面：运动员会出现情绪紧张、失眠、多梦、倦怠或疲乏无力等神经功能调节障碍。按摩是一种良好的物理刺激方法，能对神经系统起到兴奋或抑制作用，调节兴奋与抑制的相对平衡，并且通过神经反射调节各器官的功能。不同的按摩手法会对神经系统起到不同的作用，而同一按摩手法由于其操作方式或操作部位的不同也可起到不同作用。例如，叩打、重推摩可起到兴奋作用，而轻推摩、轻揉可起到抑制作用。在操作方法上，一般频率快、力量重、时间短者可起兴奋作用；相反，手法轻缓柔和、时间长者可起镇静、催眠作用。此外，运用一定的按摩手法刺激具有相应作用的穴位，也可产生兴奋或抑制的效果。因此，通过按摩手法调节神经的兴奋和抑制状态，可起到增强人体的免疫力、加速疲劳的消除、提高机体机能的作用。

4. 对呼吸、消化系统的作用

按摩可以直接作用于胸壁或通过神经反射使呼吸加深，使需氧量增加10%左右，二氧化碳的排出量也会相应增加。经常按摩面部和颈后部，不但可以使呼吸道通畅，防治上呼吸道感染，而且可以使面部皮肤红润，富有弹性，对美容有一定作用。

直接按摩腹部，可以促进胃肠蠕动，增强消化腺分泌，提高胃肠的消化吸收能力，对食欲不振、消化不良、腹部胀满、便秘及腹泻等均有较好的防治作用。按摩特定部位还可通过神经调节使胃肠活动功能处于相对平衡状态。有实验表明，当胃肠活动增强时，按摩往往使其活动减弱；而当胃肠活动减弱时，按摩则会使其活动增强。

5. 对皮肤的作用

皮肤上分布有大量的毛细血管、末梢神经、毛孔、皮脂腺和汗腺，它们参与机体的代谢过程，通过皮脂的分泌和汗液的排出来调节体温，使人体与周围环境相适应。

按摩可直接作用于皮肤，清除局部衰亡的上皮细胞，改善皮肤呼吸，有利于汗腺、皮脂腺的分泌；也可使皮肤内产生组胺或类组胺物质，改善皮肤血液供应及营养供应，从而增强皮肤代谢，使皮肤润泽，富有弹性。刺激皮肤中的神经末梢能产生镇痛和调节内脏机能的作用。冬季经常对皮肤进行按摩，可使局部皮肤温度升高，有助于防治皮肤冻伤。

6. 对运动损伤的治疗作用

运动损伤一般指在运动训练和比赛中所发生的骨折、脱位、软组织损伤，症状通常表现为肿胀、疼痛、功能障碍（功能丧失），轻则影响训练和比赛，重则影响健康和运动寿命。按摩是防治运动损伤的重要手段之一，其作用主要表现在以下几个方面。

（1）改善血液循环，消肿止痛。

按摩可直接作用于损伤局部，对损伤产生的瘀血肿胀进行适当手法的按压和推挤，促进肿胀消散，加快瘀血吸收和静脉血液、淋巴液的回流，从而达到消肿止痛的目的。

按摩还可促进一部分细胞内的蛋白质分解，产生组胺和类组胺物质，使毛细血管扩张、开放，局部血流增加、循环加快，缓解损伤部位由神经反射引起的血管和肌肉痉挛，解除对损伤部位末梢神经的压迫，从而减轻或消除疼痛。

按摩在临床治疗中的止痛效果也早已被证实。对损伤性疼痛直接点压局部，即可达到镇痛的目的。如果损伤部位疼痛剧烈，可在损伤部位附近选取一些穴位，用强手法按摩，可缓解疼痛。对陈旧性损伤的局部疼痛，采用揉、拨、掐等手法进行强刺激，可促进损伤愈合，消除疼痛。

（2）促进再生，加速修复。

适当的按摩手法可使移位骨折得到有效的整复，使脱位的关节得到良好的复位；对损伤断裂的肌腱、韧带等，可用按摩手法进行对合、理顺，为再生修复创造良好的条件。

（3）分解粘连，防止萎缩。

疼痛几乎是所有损伤都会有的症状，但是长时间的疼痛会使关节发生挛缩，损伤部位瘀滞的组织液、血液就会形成纤维化，在组织间形成粘连，使肢体和关节活动受限。由于损伤后，肢体还需适当地控制活动，以防影响损伤部位的再生修复；但长期控制活动，又会造成肢体的废用性萎缩。通过适当的按摩，可使肌肉挛缩得以解除，粘连的组织得以松解；也可使损伤部位和肢体的血流量增加，组织的营养供给得到改善，肌肉、肌腱、韧带的弹性、柔韧性和力量得到提高；还可使肌纤维的横截面积增大，有效防止肌肉、肌腱、韧带、关节囊的萎缩。

7. 对某些运动性病症的作用

按摩对多种运动性病症都有良好的治疗作用。例如，紧张的训练和比赛往往会使运动员心理负担过重，造成情绪紧张、失眠、头痛，甚至神经衰弱，通过适当的手法按摩，可起到镇静、催眠、缓解紧张情绪的作用，使运动员有充足的睡眠，从而以良好的精神状态参加训练和比赛。

肌肉痉挛在激烈的训练和竞赛中比较常见，在炎热的夏季和寒冷的冬季更容易发生，在小腿三头肌、手部屈肌、腹肌等部位较为常见。通过手法按摩和牵拉痉挛的肌肉，可使肌肉痉挛迅速得到缓解。

运动中腹痛，常见于中长跑、马拉松、竞走和自行车等项目运动。一般认为，运动中腹痛是由运动时间长引起的胃肠痉挛、肝脾瘀血、腹直肌痉挛等造成的。此时，降低跑步速度，加深呼吸，按摩疼痛部位，并酌情进行腹部按摩和通过背伸动作拉长腹肌，或者用手指点按内关、足三里、大肠俞等穴位，腹痛就会得到缓解。

疲劳是运动训练和竞赛中常见的一种现象，根据其表现，一般分为精神疲劳、肢体疲劳和内脏疲劳等。按摩可以加速疲劳的消除，恢复和提高机体机能。有实验表明，用牵拉手法按摩小腿可以提高小腿肌肉的工作能力；按摩腹部可提高胃肠功能，有助于食物的消化和吸收；按摩头部和有关的穴位，可以调节大脑的兴奋和抑制状态，使疲劳尽快消除，避免造成疲劳的积累而引起过度训练综合征。

（二）按摩的应用原则

1. 适应证

（1）各种疼痛性疾病。

（2）各种炎症性疾病。

（3）各种慢性疾病。

（4）内分泌及功能紊乱疾病。

（5）妇科、儿科疾病。

（6）美容、减肥。

（7）保健养生、休闲放松、娱乐。

2. 禁忌证

遇有下列情况慎用或禁忌按摩。

（1）皮肤破损者，如湿疹、疮疡、烧烫伤、开放性创口等。

（2）有出血性倾向者，如恶性贫血、紫癜、血小板减少等。

（3）有传染性疾病和感染性疾病的患者。

（4）患有严重心脑血管疾病、恶性肿瘤等危重患者。

（5）骨关节、骨质有疾病者。

（6）精神病患者。

（7）妊娠和月经期妇女的腹部、腰部、合谷穴等部位。

（8）身体特别虚弱、醉酒、过度疲劳、过度饥饿或饭后半小时以内。

（9）诊断不明者。

（三）按摩常用的介质

按摩介质又称递质，是在按摩手法操作前先涂擦在按摩局部的一种药物制剂。

1. 按摩介质的作用

使用按摩介质的目的是减少按摩时的阻力，避免皮肤擦伤，使按摩和药物协同作用，提高按摩效果。

2. 按摩介质的种类

按摩介质既有单方、复方之分，又有药炭、药膏、药散、药丸、药酒、药油、药汁等多种剂型。

常选用的按摩介质有粉剂、水剂、乳剂、油剂和酒剂。

（1）粉剂。

粉剂指粉末状的介质。常用的按摩粉剂有爽身粉和滑石粉，前者有吸水、清凉、润滑皮肤的作用，后者主要起润滑和防止皮肤受损的作用。

（2）水剂。

按摩常用的水剂有以下几种。

清水：具有清凉、退热、镇静和润滑皮肤的作用。

葱姜水：具有发散温热、驱散外邪等作用，小儿按摩以此治疗虚寒证。

薄荷水：具有温经散寒、清凉解表、润滑的作用。

（3）乳剂。

按摩乳剂具有活血化瘀、通经活络的功效，四季均可应用。

（4）油剂。

油剂指麻油、菜油或浸有药物的油液制剂。按摩时一般选用一些无刺激性的油类，掺入适量的药末，成为油液或药膏，起到滋润及辅助治疗的作用，如松节油、红花油、冬青油、麻油等。

（5）酒剂。

酒剂是将药物置于75%的酒精或高度白酒中浸泡而成的。按摩时用手蘸药酒（水）涂于体表而后做手法治疗，具有疏经活血、温通发散的作用。按摩常用酒剂有舒活酒、三七酒、跌打酒、风湿酒等。

3. 按摩介质的选择

进行按摩时，应根据季节、年龄、按摩目的选用不同种类的介质。例如，夏季或出汗较多时按摩，可选用医用滑石粉、爽身粉、痱子粉等有吸水、芳香、清凉、润滑作用的介质。成年人一般选用水剂、油剂、粉剂，老人一般选用油剂或酒剂，小儿常选用滑石粉、爽身粉、薄荷水、葱姜水等。在进行损伤的治疗按摩时，可酌情选用舒活酒、三七酒、跌打酒、风湿酒等协同治疗。

课后自学

（一）按摩的作用

近年来，不少临床医生将按摩用于治疗冠心病。按摩通过调节大脑的兴奋和抑制状态，解除精神紧张，恢复血管的正常功能，减少心绞痛的发作，改善心脏的功能，促进全身的血液循环及心脏冠状动脉侧支循环的形成，从而起到防治冠心病的作用。

有实验表明，用揉捏手法对男女两组受试者的小腿进行按摩后，无论是向心方向还是逆心方向，其血流图都显示出心脏每搏输出量上升的情况，尤以男性升高更为明显，与按摩前相差非常显著（$P<0.01$）。值得一提的是，对左小腿进行按摩后，右小腿的血流图表现出与左小腿一致的变化规律，这说明按摩不仅可以影响局部，还能通过神经反射影响整个循环系统。

（二）按摩的卫生要求

按摩前，按摩者一定要清洁手部，剪短指甲，手上不能佩戴装饰物；天气寒冷时，按摩者应注意先把手搓热，再进行按摩。同时，被按摩者应保持皮肤清洁，尽量在按摩前洗澡。

（三）按摩的方向要求

按摩的方向要求主要针对运动按摩而言，一般沿静脉血液和淋巴液回流方向进行，这样有利于消除因运动训练和竞赛所产生的血液和淋巴液在肢体远端堆积以及促进乳酸的排出，同时可增加肢体的血流量和营养供应，促进疲劳的消除。

用于治疗的按摩对按摩方向的要求不是特别严格，一般根据被按摩者损伤的部位、病情及采用的按摩手法确定按摩的方向，可向心、逆心，也可限于局部，应视其病情需要而定。

（四）按摩的时间、次数和强度

1. 时间和次数

按摩的时间和次数，不是越长或越多越好，要因人而定。大部分研究证明：对一个部位的按摩，一般以10～15分钟为宜，最多不超过25分钟；对劳损性的损伤（如腰肌劳损），按摩时间可酌情延长；对运动后的全身按摩（消除运动后疲劳），每次则需30分钟以上。

按摩次数：一般隔日一次或每日一次，每日最多两次，次数的多少主要根据被按摩者病情需要而定。

2. 强度

按摩的强度主要根据被按摩者的病情、个体差异和按摩者的手法特点而定，要求强度适中，力达病所。

（1）各种手法的用力，都应由轻到重，循序渐进，力量平稳，不能忽重忽轻。操作时要注意被按摩者的表情，并询问其对手法的感受，切忌动作粗暴，最后应以轻缓柔和的手法结束。

操作的频率也是由慢到快，中间快慢适中，最后由快到慢结束。

（2）对初次接受按摩者，一般用力宜轻，频率宜稍慢；而对于长期接受按摩者，则手法宜稍重，频率亦可快些，这样才能获得最佳效果。

本章小结

按摩对机体的运动、心血管、消化、呼吸等系统及皮肤都会产生一定的积极作用。为了获得更好的效果，必须严格把握好按摩的适应证和禁忌证。如果选择的人群、时机不当，不但起不到积极的作用，反而会产生一定的副作用，甚至会使原有的病情加重。此外，按摩时还应注意选择合适的体位、姿势，要注意一定的卫生要求，只有做到了这些才能使按摩达到最佳的效果。

复习题

（1）按摩对机体有哪些作用？

（2）按摩的适应证和禁忌证有哪些？

（3）按摩介质分为哪几种？

（4）按摩时有哪些卫生要求？

第二章　按摩的常用手法

内容提要和学习指导

本章主要介绍按摩基本手法的概念，按摩手法的基本要求，按摩基本手法，按摩手法的命名原则和分类，按摩常用的体位，学习按摩手法时注意事项，以及身体不同部位的按摩。通过本章的学习，学生可正确掌握按摩手法的操作要领，熟悉按摩手法的动作技巧，为后续按摩课程的学习打好基础。

学习目标

掌握按摩基本手法的种类，基本手法的操作方法、动作要领及应用部位。

掌握身体不同部位按摩手法的操作程序和注意事项。

了解按摩基本手法的概念、要求。

了解按摩手法的命名原则和分类以及按摩常用的体位。

知识点导图

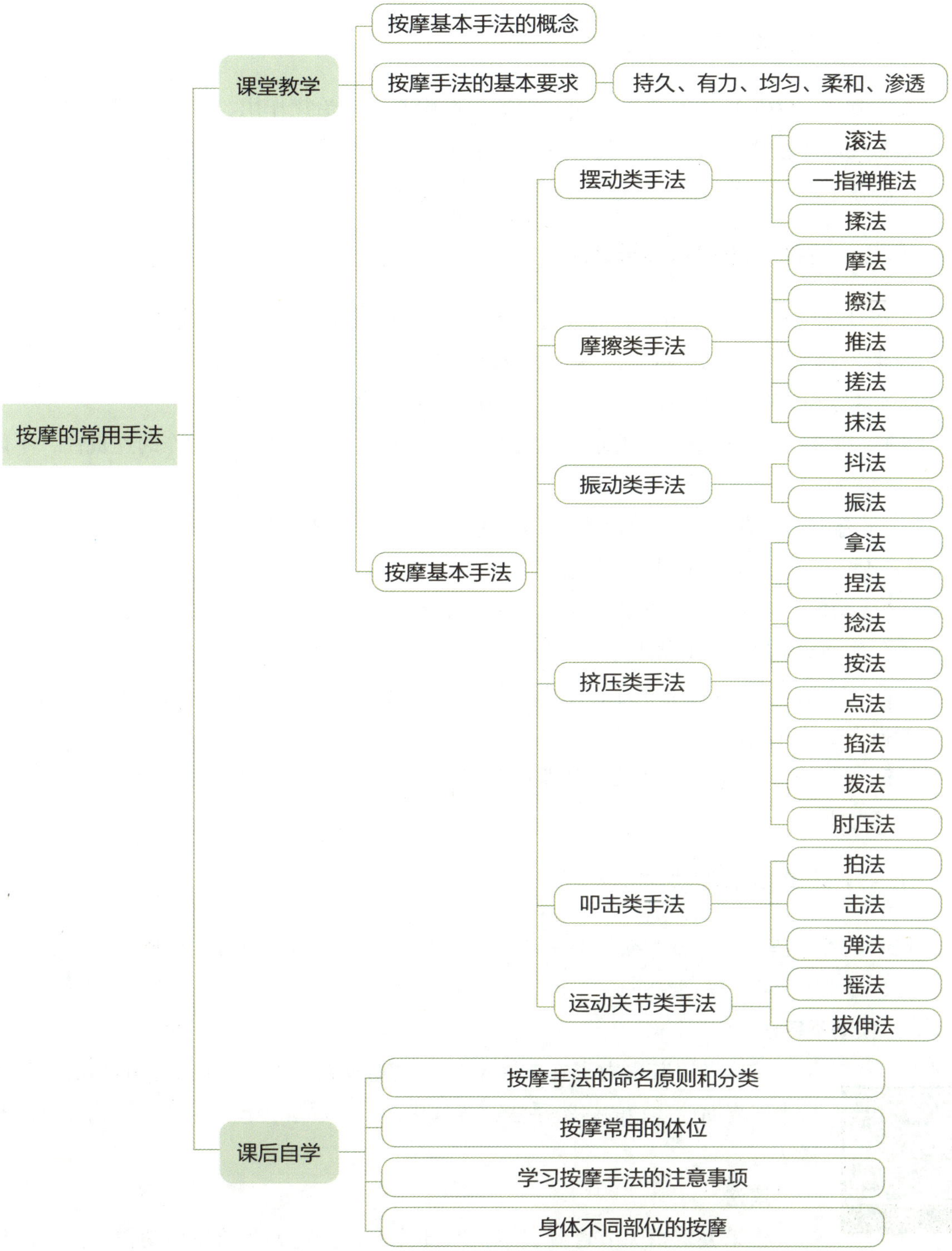
按摩的常用手法
课堂教学
按摩基本手法的概念
按摩手法的基本要求
持久、有力、均匀、柔和、渗透
按摩基本手法
摆动类手法
滚法
一指禅推法
揉法
摩擦类手法
摩法
擦法
推法
搓法
抹法
振动类手法
抖法
振法
挤压类手法
拿法
捏法
捻法
按法
点法
掐法
拨法
肘压法
叩击类手法
拍法
击法
弹法
运动关节类手法
摇法
拔伸法
课后自学
按摩手法的命名原则和分类
按摩常用的体位
学习按摩手法的注意事项
身体不同部位的按摩

课堂教学

（一）按摩基本手法的概念

按摩基本手法是指动作单一、起基础治疗作用或主要治疗作用、应用频度高的一类手法。它是按摩手法中比较常用、基本的单式手法，包括揉法、一指禅推法等20多种手法，这些手法在实践中可单独应用，也可与其他手法结合应用。

（二）按摩手法的基本要求

在按摩手法的具体应用中，力量是基础，手法技巧是关键，两者兼而有之，缺一不可。因此，学习者必须勤学苦练，熟而生巧，方能得心应手，运用自如。

按摩手法的基本要求是持久、有力、均匀、柔和、渗透。

（1）持久：手法能够按照要求持续运用一定的时间，保持力度和动作的连贯性，不能断断续续。

（2）有力：手法要有一定的力量，但这种力量不是固定不变的，应根据按摩手法及被按摩者的体质、病症、部位等不同而变化。

（3）均匀：手法必须均匀而有节奏，平稳而有弹性，速度不可时快时慢，压力不要时轻时重，移动的幅度不能时大时小。

（4）柔和：手法要轻而不浮，重而不滞，灵活而温柔，不急不躁，切不可生硬粗暴，更不能损伤皮肤和其他组织。

（5）渗透：持续有力的手法深达肌肉深层，使患者出现酸、沉、胀、麻、痛、放、散等“得气”感。

（三）按摩基本手法

按摩基本手法又可以分为摆动类手法、摩擦类手法、振动类手法、挤压类手法、叩击类手法、运动关节类手法等。

1. 摆动类手法

按摩者以其着力点在按摩部位上做垂直固定支撑，在动作的起始位两侧做来回周期性摆动的一类手法，统称为摆动类手法，包括滚法、一指禅推法和揉法等。

滚法

滚法

将第五掌指关节背侧置于按摩部位上，将腕关节的屈伸动作与前臂的旋转运动相结合，使小鱼际与手背的尺侧在按摩部位上做持续不断的来回滚动的手法，称为滚法。

【操作方法】

按摩者手指自然分开并微屈，将手背第五掌指关节背侧置于被按摩的部位上，肩关节放松，以肘关节为支点，用力做连续不断的旋前、旋后的滚动，旋后滚动的同时使腕关节微屈，力量均匀，有节奏地逐渐向前移动。可单手操作，也可双手同时操作。（图2–1）

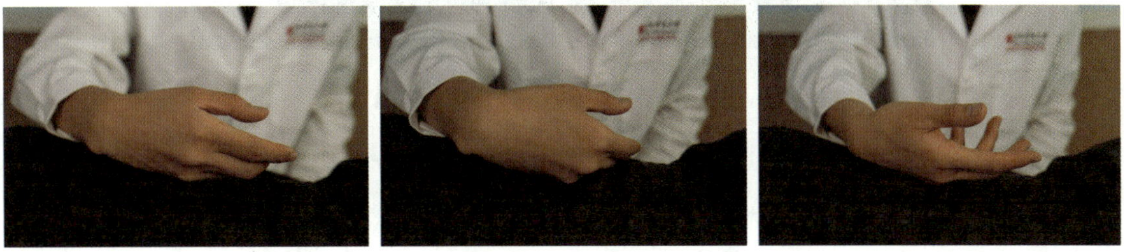

图2–1　滚法

【动作要领】

（1）按摩者手握空拳，四指自然屈曲，不要用力捏紧，拇指盖住拳眼，以免动作僵硬。

（2）操作时着力点要紧贴在按摩部位上，不可离开或在按摩部位上摩擦。

（3）用力要灵活，不可用强力按压。

（4）按摩者两脚分开，上身前倾约30°，频率为120～160次/分。

【注意事项】

（1）滚动时不能有跳动或击打的感觉。

（2）左、右手按摩时间须相同，以免两手操作技能发生差异。

（3）在操作过程中，手法压力须逐渐加强，但要避免用力过猛。

【应用部位】

滚法具有着力部位面积较大的特点，属中强刺激手法，有活血散瘀、消肿止痛和松解粘连的作用，常用于腰背、臀部及大腿等肌肉面积宽大和丰厚的部位。

一指禅推法

将大拇指指端或罗纹面着力于按摩部位上，沉肩、垂肘、悬腕，以肘关节为支点，前臂做主动摆动，带动腕关节、拇指掌指关节或指间关节的屈伸运动的手法，称为一指禅推法。一指禅推法为一指禅推拿流派的代表手法，其特点是手法操作缠绵，讲究内功、内劲，故初学时易形似，难以神似，须刻苦、经久练习才能掌握。

一指禅推法

【操作方法】

按摩者手握空拳，拇指自然伸直，并盖住拳眼，将拇指指端或罗纹面着力于按摩部位上，沉肩、垂肘、悬腕，以肘关节为支点，前臂做主动摆动，带动腕关节、拇指掌指关节或指间关节的屈伸运动，使产生的力量轻重交替，持续不断地作用于按摩部位。（图2-2）

图2-2　一指禅推法

【动作要领】

（1）归纳为十字诀：沉肩、垂肘、悬腕、指实、掌虚。

（2）对于某一按摩部位的操作需要按照一定的频率持续一定的时间，在该部位达到一定刺激量的积累以后，再逐渐移向下一按摩部位，以提高按摩效果。频率要求为120～160次/分，避免在按摩部位的少推快移。

【注意事项】

（1）操作中自然压力，不可用力过猛。

（2）操作时注意力不可分散。

（3）不要耸肩用力，肘部不可外翘，不要形成摩擦移动或滑动。

【应用部位】

一指禅推法的特点是着力面积小、压强大。刺激量大小可随需要任意调节，故适用于全身各部位。

揉法

用手指指腹或手掌掌面紧贴于按摩部位上，带动该处皮下组织，做轻柔缓和的直线或回旋揉动的手法，称为揉法。根据着力部位的不同，揉法可分为指揉法、掌揉法、大鱼际揉法等。

【操作方法】

指揉法：用指腹紧贴于按摩部位上，带动该处皮下组织，做轻柔缓和的直线或回旋揉动的手法。（图2-3）

揉　法

掌揉法：用掌根紧贴于按摩部位上，带动该处皮下组织，做轻柔缓和的直线或回旋揉动的手法。（图2-4）

大鱼际揉法：用大鱼际紧贴于按摩部位上，带动该处皮下组织，做轻柔缓和的直线或回旋揉动的手法。（图2-5）

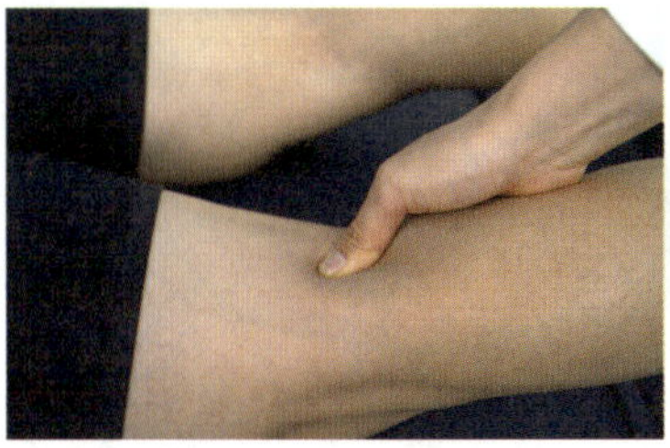
图2-3　指揉法

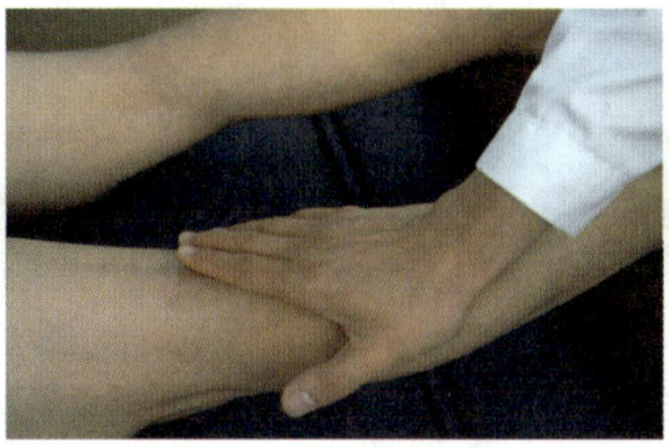
图2-4　掌揉法

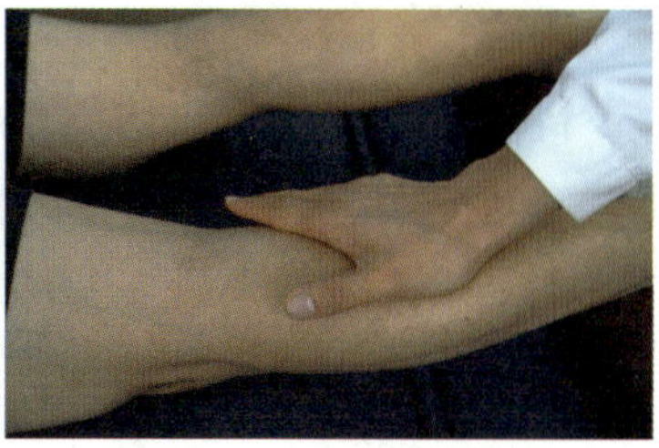
图2-5　大鱼际揉法

【动作要领】

（1）操作时手指、掌根、大鱼际等不能离开接触的皮肤，使皮肤随手指或掌的揉动而滑动。

（2）频率不宜过快，一般为120～160次/分。

（3）整个动作要协调而有节律性。

（4）指揉法揉动幅度要小；掌揉法腕关节要放松，压力轻柔，动作灵活；大鱼际揉法操作时以前臂做主动摆动，腕关节不可做主动外展摆动。

【注意事项】

（1）操作时用力要均匀，不可过大。

（2）揉动幅度由小到大，动作要有节律性。

（3）操作时需与摩法相区别。

【应用部位】

揉法不仅能促进血液循环、加速组织新陈代谢、松解组织粘连、软化疤痕组织，还能缓和强手法刺激，减轻疼痛。揉法适用于身体各部位，尤其是损伤部位瘀血凝滞、经久不散以及腹部胀满、习惯性便秘等，都可用揉法来缓解病情。

（1）指揉法多用于小儿按摩，施术面积小，力量较集中，动作柔和而深沉，适用于全身各部位或穴位。

（2）掌揉法着力面积较大，刺激柔和舒适，适用于面积大又较为平坦的部位，如腰背部、腹部、臀部以及四肢肌肉丰厚处。

（3）大鱼际揉法着力面积大，而且柔软舒适，刺激更为柔和，老幼皆宜，常用于头面部、胸腹部和四肢关节等部位。

2. 摩擦类手法

以掌指或肘贴附在体表做直线或环旋移动的一类手法，称为摩擦类手法，包括摩法、擦法、推法、搓法、抹法等。此类手法的特点是：运动形式较为多样，既有单方向的直线推动，又有双向的沿直线的往返移动，也有顺弧形或环形轨迹的摩动等；与皮肤表面及皮下组织层之间形成摩擦，从而产生温热、温通、舒筋通络、行气活血等功效。此方法用力相对较轻，刺激舒适柔和，操作安全。

摩法

将手掌掌面或手指指腹着力于一定的按摩部位或穴位上，让腕关节连同前臂做均匀而有节奏的抚摩运动的手法，称为摩法。根据着力点的不同，摩法可分为指摩法、掌摩法。

【操作方法】

指摩法：手指自然伸直、并拢，腕关节微屈，将食指、中指和无名指的末节指面附着于治疗部位，沉肩、垂肘，以肘关节为支点，前臂做主动摆动，带动腕、指在体表做环形或直线往返摩动。（图2-6）

掌摩法：手掌自然伸展，腕关节微背伸，而后将手掌平放于体表按摩部位或穴位，将掌心或掌根部位作为着力点，腕关节放松，连同前臂一起做环形或直线往返摩动。（图2-7）

摩法

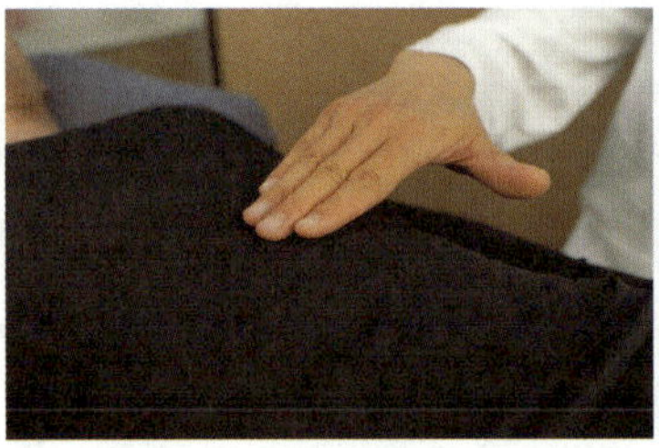

图2-6　指摩法

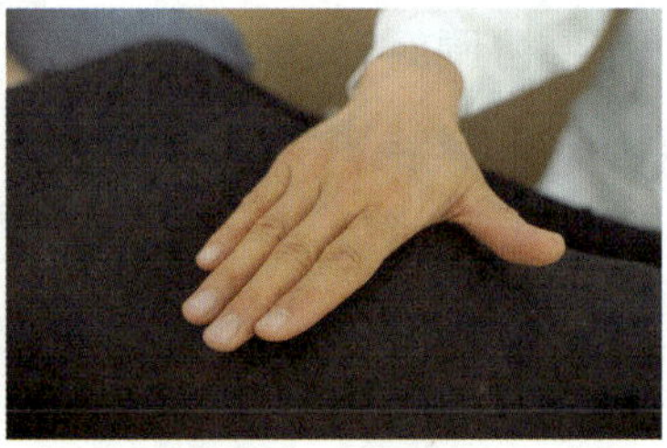

图2-7　掌摩法

【动作要领】

（1）肩、肘关节及手臂放松，肘关节微屈成120°～150°的角。

（2）腕关节放松，掌指关节自然伸直、并拢。

（3）紧贴皮肤，可做顺时针或逆时针方向转动。

（4）用力程度轻。

【注意事项】

（1）手法要先轻后重，腕关节做主动环转活动时，要灵活轻巧，不可滞涩不畅。

（2）用力应平稳均匀，动作要轻柔，不可过度按压。

（3）操作时，仅与皮肤表面发生摩擦，不宜带动皮下组织，这是摩法与揉法的主要区别。

（4）频率为100～120次/分，指摩法动作轻快，掌摩法宜稍重缓。

【应用部位】

摩法刺激轻柔缓和，属于轻刺激手法，适用于全身各部位。在胸腹及胁肋部应用，具有和中理气的功效；在腰背、四肢应用，具有行气活血、散瘀消肿之效。摩法与揉法的比较见表2-1。

表2-1　摩法与揉法的比较

类别	着力	作用组织	与表皮关系
摩法	轻	表皮	环旋摩擦
揉法	稍重	皮下	吸定

擦法

将指、掌着力于体表一定按摩部位上，沿直线做来回摩擦运动的手法，称为擦法。根据着力部位的不同，擦法可分为大鱼际擦法、小鱼际擦法和掌擦法等。

【操作方法】

按摩者腕关节伸直，使前臂与手掌在一条直线上。用手掌的小鱼际、大鱼际部位或全掌，着力于体表的按摩部位，稍用力向下按压，肩关节放松，以肩关节为支点，上臂做主动摆动，带动前臂及手掌在体表做均匀的上下或左右往返摩擦移动，使按摩部位产生一定的热量。

用大鱼际着力摩擦的，称为大鱼际擦法。（图2-8）

用小鱼际着力摩擦的，称为小鱼际擦法。（图2-9）

用全掌着力摩擦的，称为掌擦法。（图2-10）

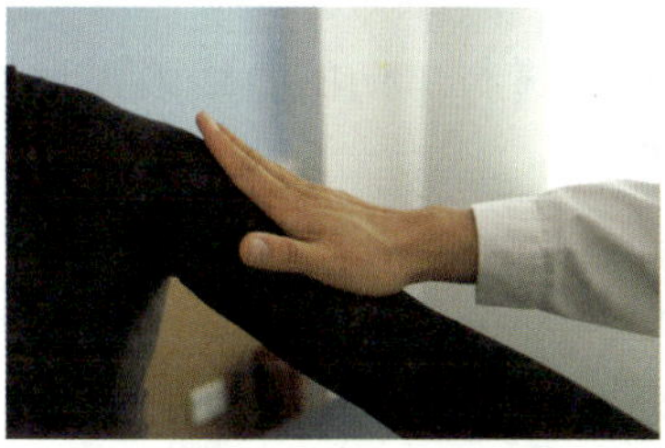

图2-8　大鱼际擦法

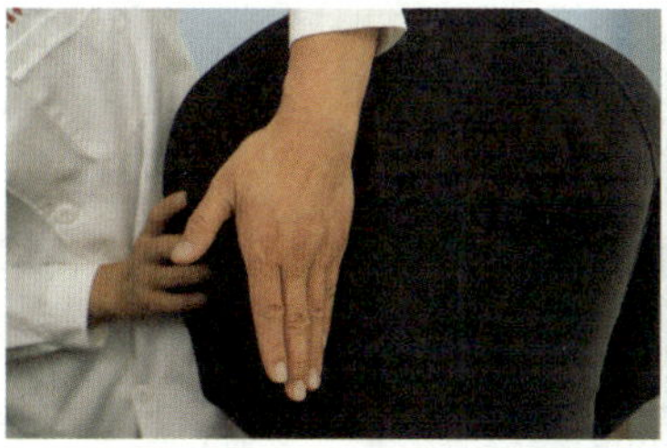

图2-9　小鱼际擦法

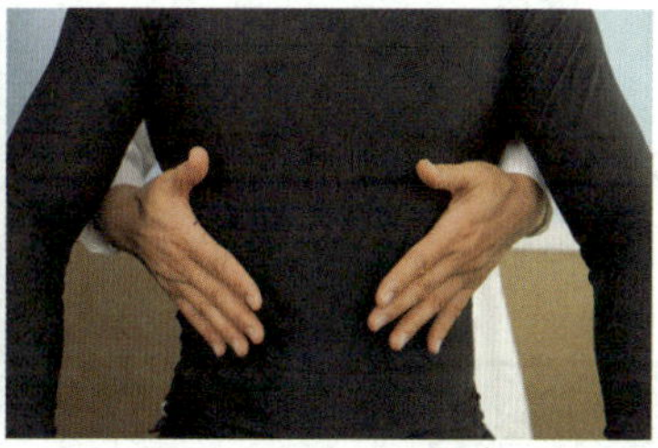

图2-10　掌擦法

【动作要领】

（1）上肢放松，腕关节平伸，使前臂和手掌在一条直线上。

（2）着力部位要紧贴按摩部位，动作要稳。

（3）以肩肘关节屈伸，无论是上下摩擦还是左右摩擦，都必须是直线往返。

（4）动作均匀连续，幅度要大，使摩擦的来回距离尽量拉长。

（5）动作要有节奏，频率一般为100～120次/分。

（6）压力要均匀适中，一般以摩擦不使局部皮肤折叠为宜。

【注意事项】

（1）手法来回操作，须在同一直线上，不能歪斜。

（2）压力不宜过大。

（3）擦法产生的热量应以“透热”为度。按摩者在操作时感觉擦动所产生的热已徐徐进入被按摩者的体内，此时可称为“透热”。

（4）擦法直接接触体表，故操作时必须在按摩部位涂少许介质（红花油、冬青膏），既可保护皮肤，又可使热量渗透，还可提高治疗的效果。但若介质过多，影响手法操作，反而不易产生热量；若介质过少，起不到润滑作用，同样影响操作。故介质必须适量。

（5）擦法操作要求暴露按摩部位，故室内应保持暖和，以免被按摩者着凉。

（6）使用擦法后，皮肤潮红，不可在此处再施行其他手法，否则容易破皮。因此，擦法一般都是在其他手法之后使用。

（7）操作时，按摩者要保持呼吸自然，不可屏息操作，还必须修剪指甲，防止戳破被按摩者的皮肤。

【应用部位】

擦法是一种柔和温热的刺激，应用相当广泛，适用于全身各部位。

掌擦法温热度较低，接触面积大，适用于胸腹、肩背部等面积较大而又较平坦的部位。

大鱼际擦法温热度中等，常用于四肢，尤以上肢为多。

小鱼际擦法温热度较高，常用于腰背和臀部。

推法

将拇指、手掌、拳面及肘尖紧贴按摩部位，运用适当的压力进行单向的直线或弧形推动的手法，称为推法。

根据推时用力部位不同，可分为拇指平推法、掌推法、拳推法和肘推法。

推法

【操作方法】

（1）拇指平推法。

按摩者将拇指指面着力于一定的按摩部位或穴位上，其余四指分开助力，做拇指内收运动，使指面在按摩部位或穴位上做直线推动。（图2-11）

（2）掌推法。

按摩者将手掌或掌根着力于一定的按摩部位或穴位上，以掌根为重点，运用前臂力量向一定的方向推进。（图2-12）需要增大压力时，可用另一手掌叠于掌背推进。

（3）拳推法。

按摩者手握拳，以食指、中指、无名指、小指四指的指间关节背部突起处着力，向一定方向推进。（图2-13）

（4）肘推法。

按摩者屈肘关节，以肘部着力于治疗部位，以肩关节为支点，上臂施力，做缓慢地单方向直线推动。（图2-14）

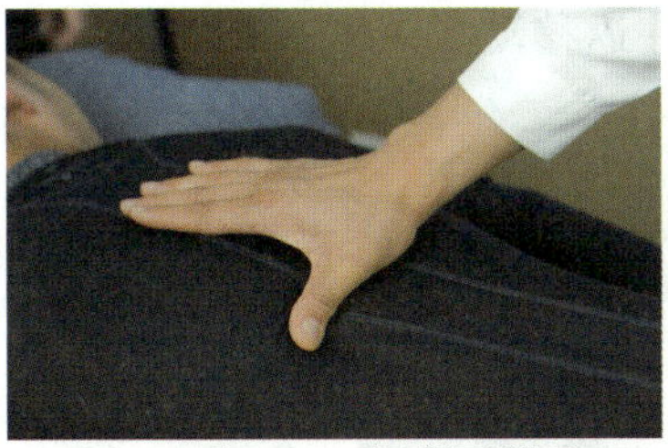

图2-11　拇指平推法

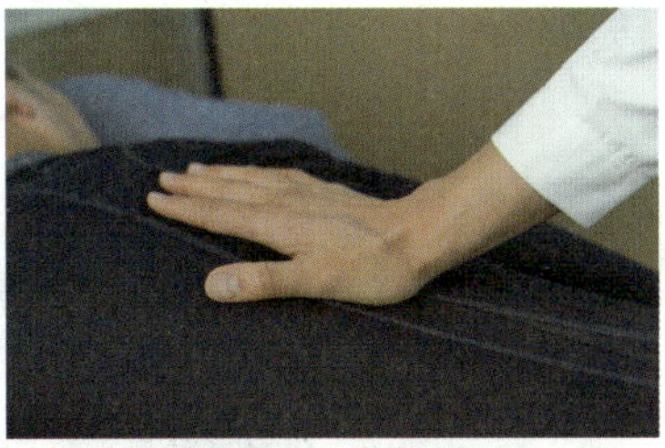

图2-12　掌推法

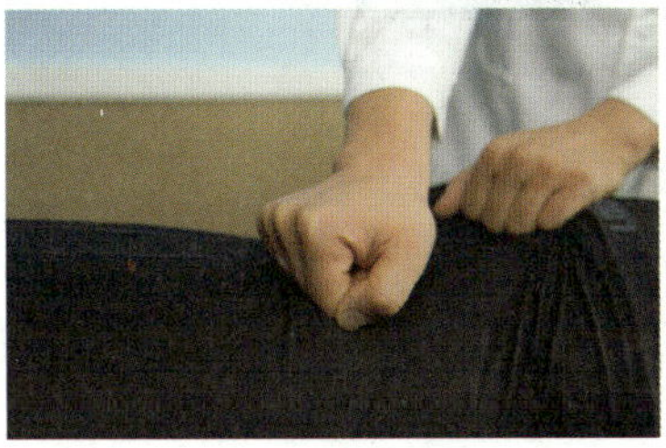

图2-13　拳推法

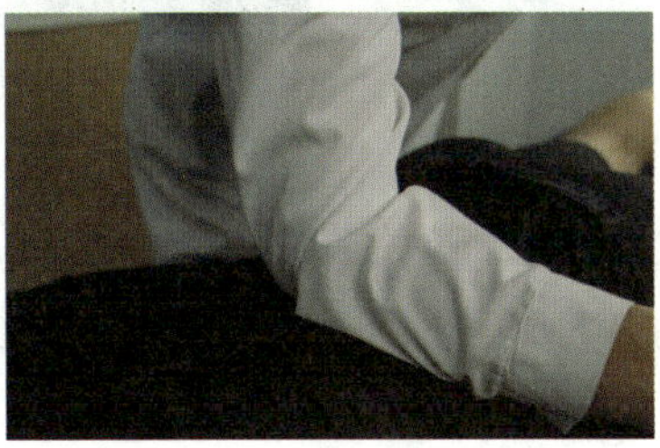

图2-14　肘推法

【动作要领】

（1）肩与上肢放松，着力部位要紧贴体表的按摩部位。

（2）操作向下的压力要适中、均匀。

（3）用力深沉平稳，沿直线移动，不可歪斜。

（4）推进的速度宜缓慢均匀，频率大约为50次/分。

【注意事项】

（1）操作时压力不能过大，否则易引起皮肤折叠而破损。

（2）常在按摩部位涂抹少许介质，使皮肤有一定的润滑度，以利于手法操作，防止皮肤破损。

（3）要有节奏，不可忽快忽慢和跳动。

【应用部位】

推法具有行气止痛、温经活络、调和气血的功效，全身各部位均适用。

拇指平推法：适用于肩背部、胸腹部、腰臀部和四肢部。

掌推法：适用于面积较大的部位，如腰背部、胸腹部、大腿部等。

拳推法：刺激较强，适用于腰背部和四肢部。

肘推法：刺激最强，适用于腰背脊柱两侧和两下肢大腿后侧。

搓法

用双手掌面夹住一定部位，相对用力，做快速搓揉，同时做上下往返移动，形如搓绳，称为搓法。

搓法

【操作方法】

按摩者两手自然伸开，用双手掌面夹住肢体的按摩部位，然后相对用力，做方向相反

的快速搓揉、搓转或搓摩运动，并同时做上下往返移动。（图2–15）

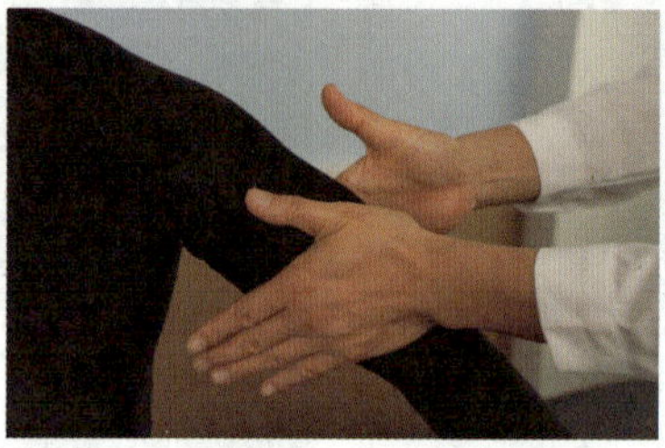

图2–15 搓法

【动作要领】

（1）沉肩、垂肘，腕关节放松。

（2）两手夹紧按摩部位，肘关节屈成150°～160°的角。

（3）双手用力要对称，搓动要快速均匀，上下移动要缓慢。

【注意事项】

（1）此手法负荷较重，要求按摩者有较好的耐力，平时应加强训练，否则不易熟练掌握。

（2）按摩者在操作时应尽量减小手的摩擦力，最好用适宜的介质，以免皮肤受到损伤。

【应用部位】

搓法刺激量中等，能使皮肤、肌肉松弛，血液流畅，有促进组织代谢、消除肌肉疲劳酸胀、提高皮肤温度和肌肉工作能力的作用。搓法适用于四肢、胸、腰背、肩、臀、膝等部位，常作为按摩治疗的结束手法。

抹法

用单手或双手拇指罗纹面或手掌面着力，轻按于按摩部位，做上下、左右、弧形曲线或任意往返摩擦移动的手法，称为抹法，可分为指抹法和掌抹法。

【操作方法】

按摩者用拇指罗纹面或手掌面紧贴于体表，略用力做上下、左右往返移动或单方向移动。抹法可用单手操作，也可用双手同时操作。操作时可做直线移动，也可顺体表按摩部位做弧形曲线移动。（图2–16）

抹法

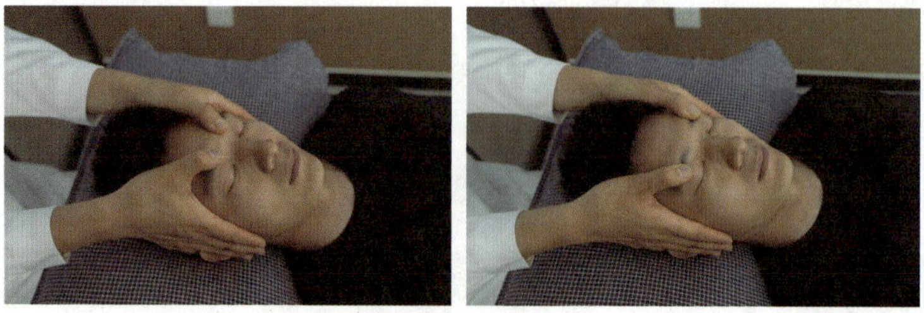

图2–16 抹法

【动作要领】

（1）操作时拇指罗纹面或手掌面紧贴体表。

（2）用力要均匀适中，动作要缓和，做到轻而不浮、重而不滞。

（3）频率为100～120次/分。

【注意事项】

（1）着力部位要紧贴皮肤，不要离开。

（2）动作要连续轻快，不可用死力。

（3）为防止擦破皮肤，可配合使用滑石粉等介质。

【应用部位】

抹法轻柔舒适，属于易学难精之法，多用于头面部、颈项部，有开窍镇静、醒脑明目等作用。

3. 振动类手法

以较高频率的节律性轻重交替刺激使按摩部位产生振动效应的一类手法动作，称为振动类手法，包括抖法、颤法与振法等。

抖法

用单手或双手握住被按摩者上肢或下肢远端，用力做连续、小幅度、快速、波浪式或摇摆式的上下颤动的手法，称为抖法。

抖法

【操作方法】

抖法根据抖动部位可分为腕部抖动、肘部抖动、肩部抖动、腰部抖动、髋部抖动、肌肉抖动等手法。

（1）腕部抖动：被抖动的手自然下垂，腕关节充分放松，按摩者两手握住腕关节上部（双手拇指在上并拢，四指在下握住被按摩者腕关节），小幅度、快速地上下抖动上肢。（图2-17）

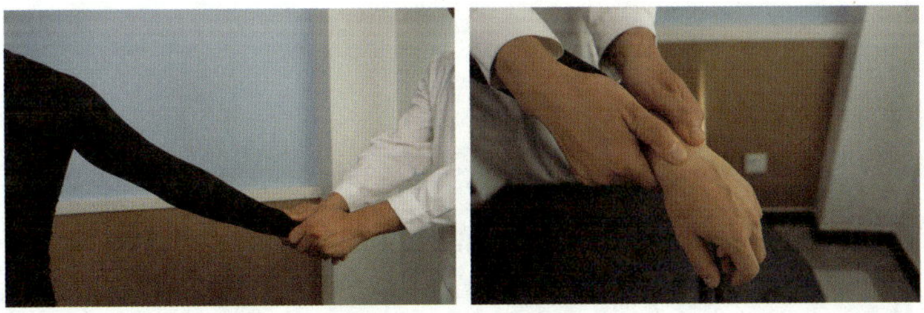

图2-17　腕部抖动

（2）肘部抖动：被抖动的肘关节微屈，按摩者一只手握患肢的手；另一只手握住肘关节上部，轻缓柔和地做上下或左右方向的抖动。（图2-18）

（3）肩部抖动方法有两种：一种是按摩者一只手按住被按摩者的肩峰部，加以固定；另一只手握被按摩者的手，在向下牵引的同时，轻轻抖动肢体。（图2-19）另一种是按摩者双手握住被按摩者的手，并使其前臂尽量旋前且肘关节伸直，上肢做上下方向的抖动。

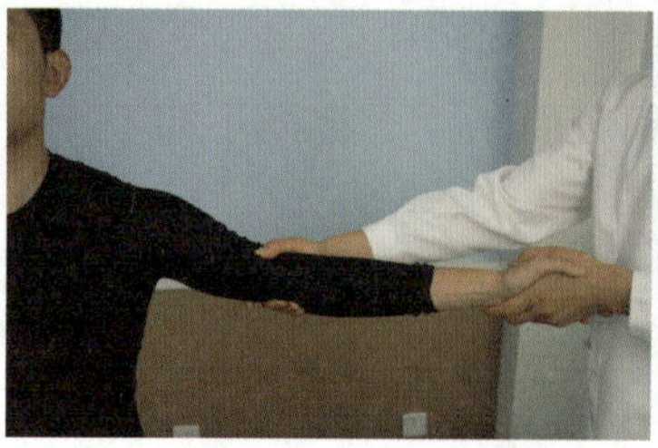

图2-18　肘部抖动

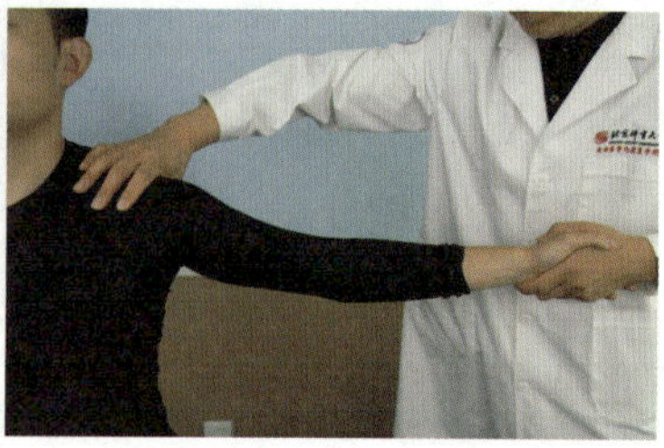

图2-19　肩部抖动

（4）腰部抖动：被按摩者俯卧，双手上举，固定于按摩床沿，按摩者站于被按摩者足端（如床高可踏于小凳上），双手握其小腿下端，提起下肢，在牵引的同时做上下方向的抖动。

（5）髋部抖动：被按摩者取俯卧位，按摩者双手握住其小腿下端，使其膝关节伸直，下肢做上下方向的抖动。（图2-20）

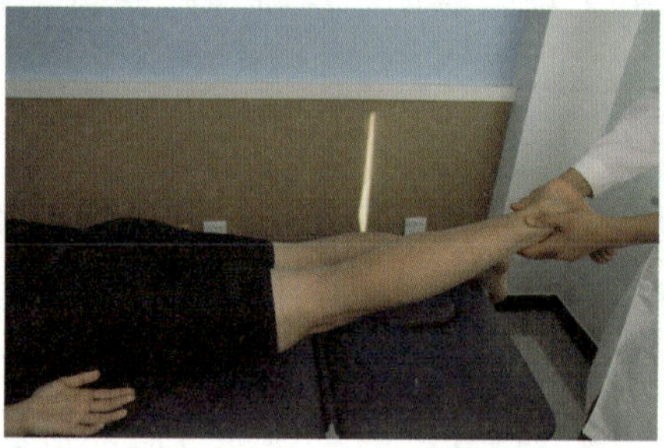

图2-20　髋部抖动

（6）肌肉抖动：叮嘱被按摩者放松肌肉，按摩者用拇指和其余四指轻轻抓住被按摩者的肌肉，做快速左右摇摆的动作。

【动作要领】

（1）肩关节放松，肘关节微屈。

（2）以前臂的轻微屈伸带动腕关节运动。

（3）按摩者需将被按摩者肢体略微牵拉，使其伸直。

（4）抖动幅度要小，频率要快，动作要有连续性和节奏感，频率为160～180次/分。

【注意事项】

（1）被抖动的肢体要自然伸直、放松，使肌肉处于最佳的松弛状态，否则抖动的力量不宜发挥。

（2）按摩者呼吸自然，不可屏气。

（3）动作轻柔，抖动幅度不宜太大，肢体的抬高和牵拉要在肢体活动允许范围内进行。

【应用部位】

抖法是一种缓和、放松、疏导手法，具有疏通经脉、通利关节、行气活血、松解黏连的功效。肌肉和四肢关节的抖动，可以使肌肉松弛、增加关节的灵活性、消除肌肉疲劳。抖法适用于四肢，尤其常用于上肢。上肢的抖动常配合搓法，作为上肢或肩部按摩的结束手法。下肢的抖动常配合搓法、叩法以及牵引等。抖法可用于治疗肩周炎、颈椎病、髋部伤筋及疲劳性四肢酸痛等。

振法

以手指端或手掌为着力点，将前臂伸、屈肌群小幅度、快速地交替收缩所产生的轻柔震颤持续地作用于按摩部位的手法，称为振法。根据着力部位的不同，振法可分为指振法和掌振法。

振法

【操作方法】

按摩者将单手或双手指端或手掌面着力于按摩部位，意念集中于指端和手掌心，然后前臂和手部的做肌肉强烈的静止性收缩，使手臂发出快速而强烈的震颤，并使之通过指端或手掌心传递到机体，使按摩部位产生舒松和温热感。其中，以手指端着力震颤的方法称为指振法［图2-21（a）］，以手掌面着力震颤的方法称为掌振法。［图2-21（b）］

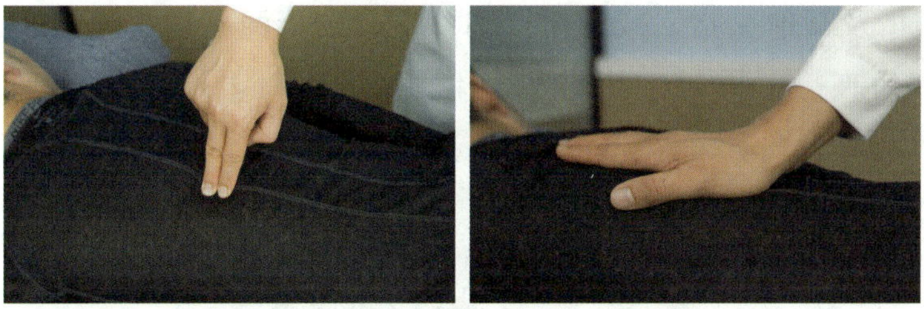

（a）　　（b）

图2-21　振法

【动作要领】

（1）肩与上臂放松，肘关节微屈。

（2）前臂及手掌部肌肉要做强烈的静止性用力，使力量集中于手掌或手指上，使被按摩的部位发生振动。

（3）操作时意念集中在指端和掌心，呼吸要自然、放松。

（4）动作要连贯、持续，一般要求3分钟以上，频率要快，达到300～400次/分。

【注意事项】

（1）操作时除前臂和手部肌肉静止性用力外，其他部位均要放松。

（2）操作中不可过分用力向下按压，不可屏气。

（3）操作时着力部位不能离开按摩部位，并且震颤不可中断。

【应用部位】

振法刺激柔和舒适，适用于全身各部位，是一种频率较快的刺激。指振法接触面小，振力集中，常用于胸腹及头面部，具有疏经通络、镇静安神的功效。掌振法接触面大，振力相对分散，常用于胸腹部和肩背部，具有温中理气、健脾和胃、行气止痛、疏经通络的功效。

4. 挤压类手法

用手指、手掌或肢体其他部位，在按摩部位上做单方向用力或相对用力的一类手法，统称为挤压类手法。相对用力谓之挤，单方向用力谓之压，故挤压类手法又分为挤法类和压法类两大类。

挤法类包括拿法、捏法、捻法、扯法、揪法等，代表手法为拿法。

压法类包括按法、点法、掐法、拨法、肘压法等，代表手法为按法。

拿法

用拇指和食指、中指两指，或者用拇指和其他四指对称用力，将按摩部位夹持、提起，并同时采用捻、搓、揉、捏的手法，称为拿法。

【操作方法】

按摩者用拇指及其他手指，或者拇指和食指、中指两指对称用力，夹住按摩部位的筋腱或肌束，然后夹持、提起，并同时捻揉刺激数次后再放下。（图2-22）如此反复操作。

拿法

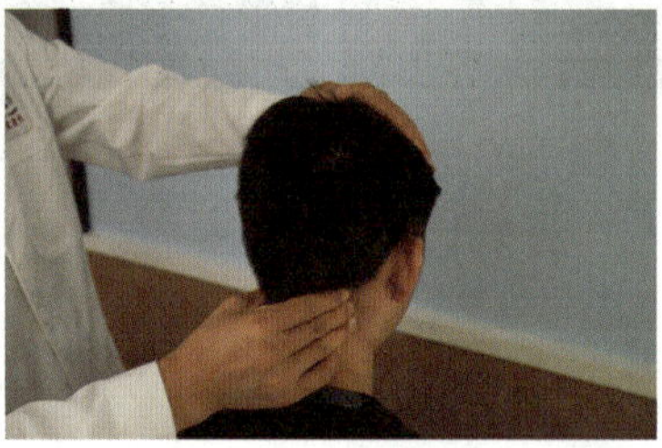

图2-22　拿法

【动作要领】

（1）操作时，肩、肘、腕关节放松，动作灵活而柔和。

（2）手掌空虚，指腹贴紧按摩部位。

【注意事项】

（1）不可用指端、指甲内抠。

（2）力量要由轻到重，不可突然用力或用力过猛。

（3）拿法刺激较强，常继以搓揉手法，以缓和刺激。

【应用部位】

拿法是具有放松作用的手法的典型代表，常用于头部、颈项部、肩背部和四肢等，应用部位相当广泛。

捏法

捏法

拇指和食指或其他四指指面用力，将按摩部位的皮肤夹持、提起，并向前捻搓的手法，称为捏法。

【操作方法】

按摩者用拇指指面顶住皮肤，用食指或其他手指指面将皮肤夹紧提起，一松一紧地向前挤压推进。用拇指与食指中节桡侧面用力的手法称为二指捏法［图2-23（a）］；用拇指与其余四指对称用力的手法称为五指捏法，又称为挪法。［图2-23（b）］

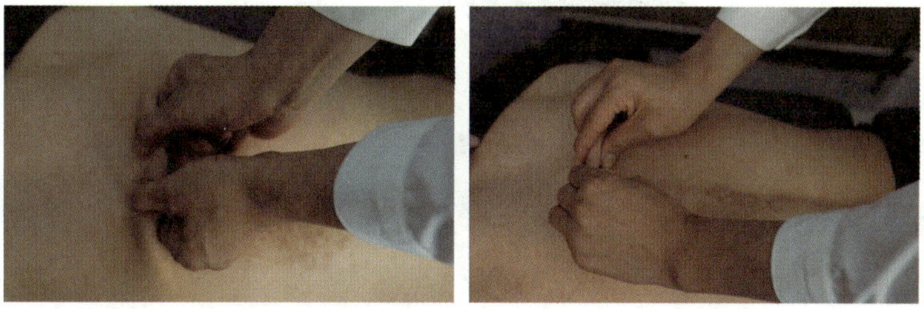

（a）　　　　　　（b）

图2-23　捏法

【动作要领】

（1）手指微屈，用拇指和其余手指的指腹捏挤肌肤。

（2）捏挤的动作灵活、均匀而有规律性。

（3）移动应顺着肌肉的外形轮廓循序而上或下。

【注意事项】

（1）不可用指甲抠掐皮肤。

（2）夹持的力量要松紧适宜，每次提捏皮肤的力量要适中，两指相对而不要拧转。

（3）动作要连贯而有节奏性，用力要均匀而柔和。

（4）对外伤肿胀的部位要慎用本法。

【应用部位】

捏法刺激较重，适用于浅表的肌肤，常用于头部、肩背、四肢和颈项部，有舒筋通络、行气活血、解除疲劳的作用，也可用于腹部减肥。

捻法

用拇指和食指指腹夹持住被按摩者的指、趾等按摩部位，做来回快速搓揉动作的手法，称为捻法。捻法动作看似简单，做好其实并不容易，需要勤加练习。

【操作方法】

肘、腕和肩关节放松，以拇指和食指指腹捏住按摩部位，稍用力做来回快速搓揉动作。（图2-24）

捻法

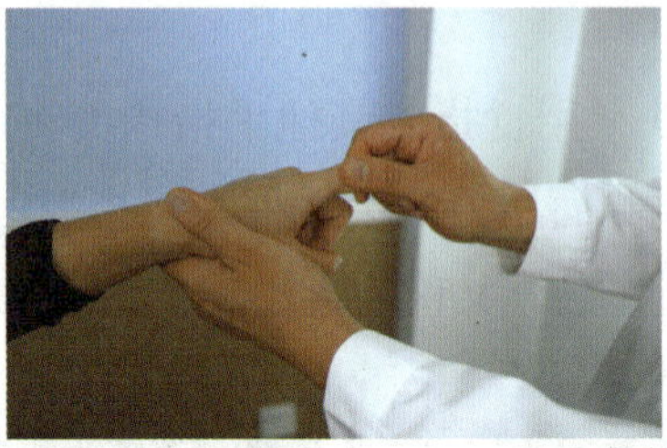

图2-24　捻法

【动作要领】

（1）动作要灵活连贯，用力稍重但要均匀适度。

（2）捻动的速度宜快，在按摩部位的移动速度要慢。

【注意事项】

搓捻动作不能呆板、僵硬。

【应用部位】

捻法刺激量较小，可作为辅助、结束手法，有舒筋活血、消肿止痛、滑利关节、祛风活血等功效，常用于四肢小关节（如指、趾关节的扭伤）或用于改善末梢循环及放松紧张的情绪。

按法

以拇指指面、掌面或肘尖按压一定的部位或穴位，先轻后重，由浅入深地反复按压按摩部位的手法，称为按法。根据着力部位的不同，按法可分为指按法、掌按法等。

【操作方法】

（1）指按法：拇指伸直，拇指面着力，逐渐用力下压，使被按摩者产生酸、麻、肿、胀等感觉，持续数秒后，逐渐放松。其余四指握拳或张开，协同助力，起支持作用。[图2-25（a）]

（2）掌按法：肘关节伸直，上肢自然下垂，用掌根、鱼际或全掌着力，单掌或双掌交叉重叠按压体表，然后逐渐减轻按压力量，如此反复。[图2-25（b）]

按法

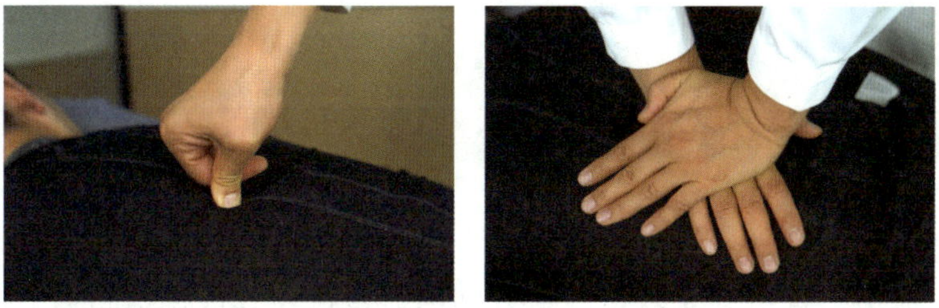

（a）　　　　（b）

图2-25　按法

【动作要领】

（1）按压方向要垂直，用力由轻到重。

（2）前臂用力，进行指按法操作时，手腕微屈。

（3）着力部位要紧贴体表，不能移动。

【注意事项】

（1）操作中要按而留之，不宜突然松手。

（2）用力要沉稳着实，由轻到重，由浅而深，不可突然按压、用力过猛，以免造成组织损伤。

【应用部位】

按法刺激适中偏强，常与揉法结合使用，组成按揉复合手法，即在按压力量达到一定深度时再做小幅度的缓慢揉动，使手法既有力又柔和。

指按法适用于全身各部位的经穴及痛点。掌按法有接触面积大、压力大而刺激缓的特点，适用于面积大且较平坦的腰背部、腹部、下肢等。

点法

以指峰或食指、中指近侧指间关节突起部或肘尖部着力，用重力按压人体按摩部位的手法，称为点法。按着力部位不同，点法可分为拇指点法、中指点法［图2-26（a）］和肘点法［图2-26（b）］。

点法

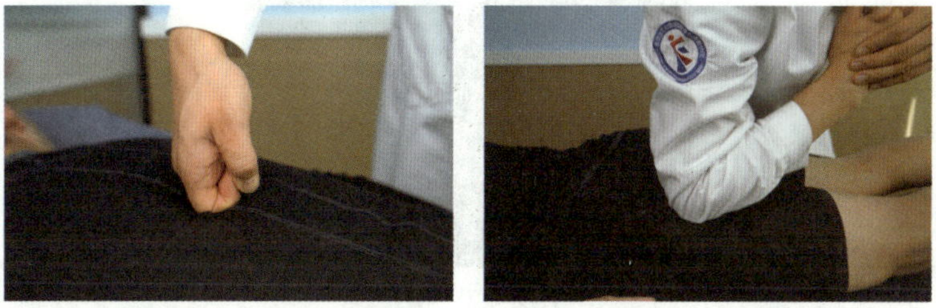

（a）　　　　（b）

图2-26　点法

【操作方法】

（1）拇指点法。

手握空拳，拇指伸直并紧靠食指中节，用拇指指端点按按摩部位，逐渐垂直用力下压。

（2）中指点法。

中指伸直，拇指、食指、无名指三指分别用力紧抵在其远端指间关节四周，以中指指端着力在按摩穴位点，逐渐垂直用力按压。

（3）肘点法。

按摩者肘关节屈曲至功能位，以其肘尖部位着力。

【动作要领】

（1）点压方向要垂直于按摩部位。

（2）前臂及腕用力点压。

（3）用力由轻到重，平衡而持续，力量逐渐增加。

【注意事项】

（1）使用拇指点法时，拇指罗纹面必须紧贴于食指外侧缘，以免由于用力过度而扭伤拇指指间关节。

（2）本法操作结束时，继以揉法，不宜突然松手。

【应用部位】

此法接触面积小，压力大，是一种刺激很强的手法，用力集中，其操作也较按法省力，适用于全身各部位。

掐法

将拇指指甲着力于人体一定的部位或穴位上并向下按压的手法，称为掐法。

【操作方法】

按摩者以单手或双手拇指指甲端，在按摩穴位上重按而掐之。（图2-27）

掐法

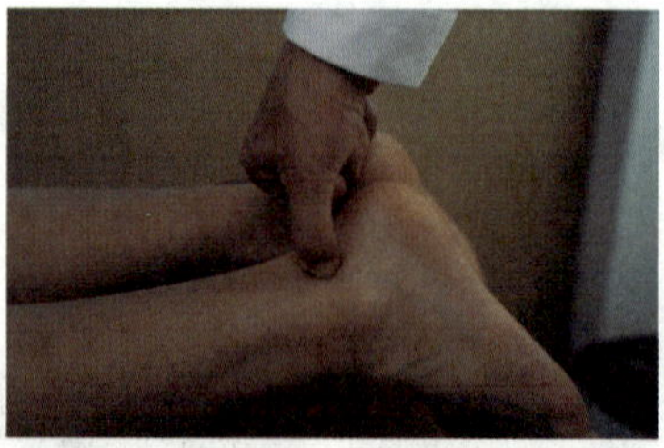

图2-27　掐法

【动作要领】

（1）部位和穴位要准确。

（2）垂直用力按压，由浅入深，逐渐加力，一般以拇指掐法为常用。

【注意事项】

（1）使用此法时注意避免刺破皮肤。

（2）操作次数一般为3～5次，不宜反复长时间应用。

（3）掐法后继以揉法，以缓和刺激，减轻局部不适感。

【应用部位】

掐法是重刺激手法，以指甲为着力点，刺激集中而尖锐，在穴位上应用，能以指甲掐来代替针刺，具有开窍醒神、镇惊止痛、解除痉挛等功效，适用于头面及手足部位，主要用于急救。

拨法

拨法

指端用力，沿着按摩部位筋腱的垂直方向进行弹拨的手法，称为拨法。

【操作方法】

拇指伸直，其余四指微屈分开，以拇指指端为着力点，向下按压至一定的部位，做与肌纤维方向垂直的弹拨运动。（图2-28）

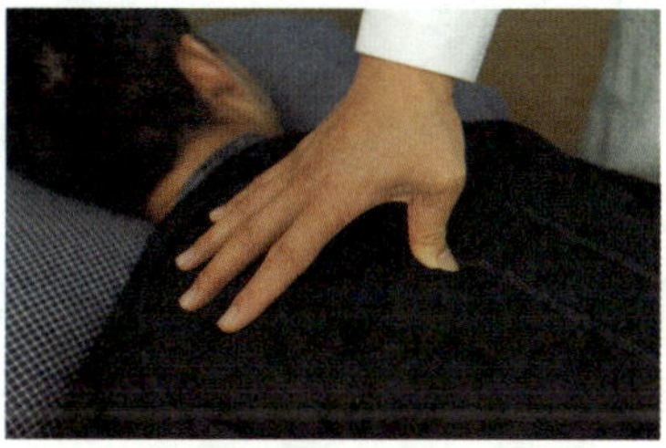

图2-28　拨法

【动作要领】

（1）按压至一定的深度。

（2）弹拨的方向与肌纤维方向垂直。

【注意事项】

（1）达不到一定的深度不能产生相应的治疗效果，但仍要以被按摩者能忍受为度。

（2）当肌肉丰厚、单手力量不足时，可用双手拇指重叠下按弹拨，加大刺激量。

（3）拨动时，指下应有弹动感，不能在皮肤表面有摩擦移动。

【应用部位】

拨法刺激性较强，具有松解黏连、疏筋通络的功效，常用于腰臀、四肢及项背部。对治疗落枕、腰腿痛等软组织损伤引起的肌肉痉挛、疼痛有明显的效果。

肘压法

以肘关节鹰嘴部为着力点，向体表垂直用力下压的手法，称为肘压法。

【操作方法】

按摩者肘部屈曲，拳心向胸，以肘尖部位着力于按摩部位，垂直用力向下按压。（图2-29）

肘压法

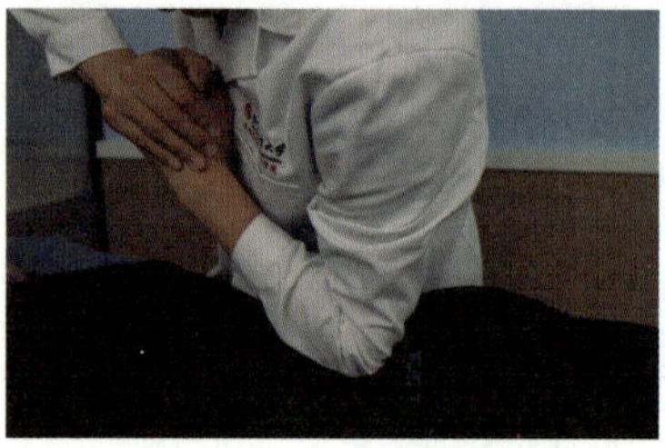

图2-29　肘压法

【动作要领】

（1）肘关节屈曲至120°左右。

（2）操作时，用力要稳，力量由轻到重，再由重到轻。

【注意事项】

（1）忌粗暴施蛮力，压后继以揉法。

（2）要根据按摩部位、病情、个体体质等情况适当选用。

【应用部位】

肘压法刺激较强，常用于腰背部、大腿后侧等，具有疏经通络、镇静安神、解痉止痛的功效。用于治疗顽固性腰腿痛、肌肉僵痛、强直性脊柱炎等病症。

5. 叩击类手法

用手掌、拳心、拳背或器械有节奏地拍打叩击的手法，称为叩击类手法，包括拍法、击法、弹法等。

拍法

用虚掌平稳而有节奏地拍打按摩部位的手法，称为拍法。

【操作方法】

按摩者手指自然并拢，掌指关节微屈，腕关节放松，运用前臂力量或腕力，使整个虚掌平衡而有节奏地拍打体表的按摩部位。（图2-30）

拍法

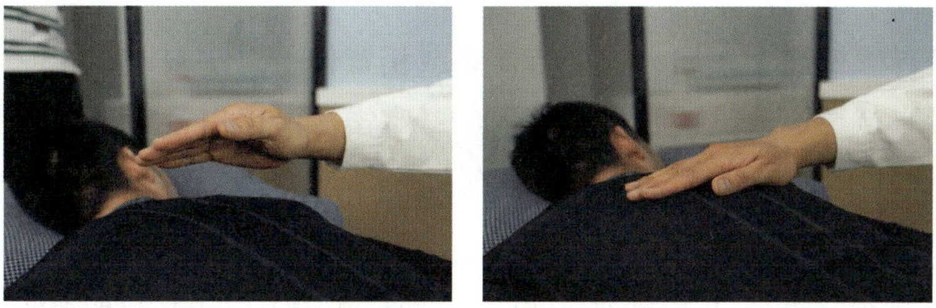

图2-30 拍法

【动作要领】

（1）动作要求平稳而有节奏，整个手掌同时接触按摩部位。

（2）腕关节放松，用力均匀。

（3）拍法既可单手操作，也可双手同时操作，动作协调，使两手一上一下有节奏地交替进行。

【注意事项】

（1）忌施猛力，特别是对老人及儿童。

（2）拍打背部应在脊柱两侧，不应在肋骨两侧。

（3）拍打应顺着肌纤维方向。

（4）对外伤性肿胀一般不做拍打。

【应用部位】

拍法具有消除肌肉疲劳、解痉止痛等功效，适用于肩背部、腰骶部及下肢。拍法常和㨰法、拿法等配合运用，治疗急性扭伤、肌肉痉挛、慢性劳损、局部感觉迟钝等病症。拍打背部有助于痰液的排出，按摩者手蘸冷水轻拍打被按摩者前额，用于治疗鼻出血。

击法

用拳、掌、指以及桑枝棒击打体表的手法，称为击法，常分为拳击法、掌击法、指尖击法、棒击法等。

击法

【操作方法】

（1）拳击法。

按摩者手握空拳，腕关节伸直，而后做屈伸肘关节运动，用拳背、拳心或拳眼击打按摩部位。（图2-31）

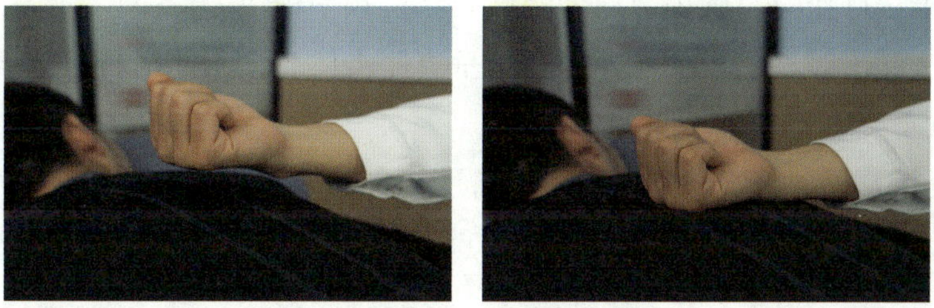

图2-31 拳背击法

（2）掌击法。

按摩者手指自然松开、微屈，腕关节伸直或稍背伸，以掌根或掌心或侧掌为着力点，运用前臂的力量有节奏地击打按摩部位。因此，掌击法又可以分为掌根击法、掌心击法和侧掌击法。

（3）指尖击法。

按摩者手指自然弯曲，五指捏拢呈爪形，而后做腕关节的屈伸运动，使小指、无名指、中指、食指如雨点下落状轻击按摩部位。（图2–32）

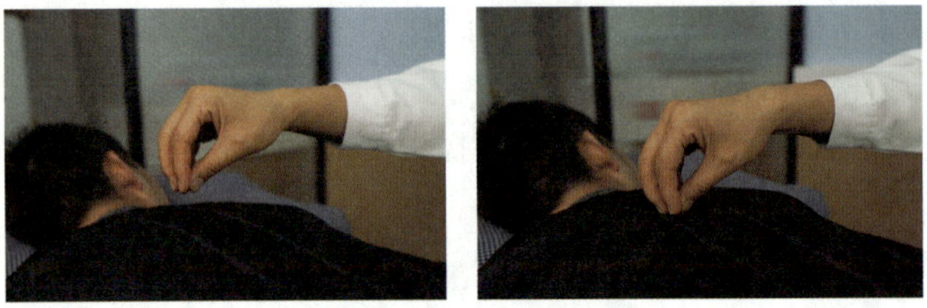

图2–32　指尖击法

（4）棒击法。

用特制的桑枝棒击打体表的手法，按摩者手握棒的一端，用棒体平击按摩部位。

【动作要领】

（1）运用肘关节屈伸力量进行击打。

（2）动作宜轻快而有节奏。

（3）上下幅度要小，频率要快。

（4）指尖击法运用腕力进行叩击，腕关节放松。

（5）棒击法力量由轻到重，不可用棒尖点击体表某个部位，连续击打3～5下即可。

【注意事项】

（1）拳背击法操作时，注意整个拳背平衡地接触按摩部位，切忌用关节突起处着力，否则易引起局部疼痛及损伤。

（2）拳心击法操作时，整个拳心须紧贴按摩部位。

（3）拳眼击法操作时，用力应均匀，不宜过猛，要打而击之。

（4）掌击法叩击时，切忌击打骨骼突起部位，以免引起不必要的疼痛。

（5）指尖击法操作时，腕关节屈伸幅度要小，频率稍快。

（6）棒击法叩击时，用力要快速短暂，垂直叩击体表，不能击打后脑、肾等部位。

【应用部位】

击法是辅助手法，适用于头顶、肩背、腰臀及四肢等部位，用于辅助治疗头痛、肌肉麻木等病症。

弹法

用手指弹打按摩部位或穴位的手法，称为弹法，分为食指弹法、中指弹法、双指弹法。

【操作方法】

（1）食指弹法。

按摩者用拇指指腹紧压住食指指甲，而后做伸指运动，将食指迅速弹出，连续弹击按摩部位。

（2）中指弹法。

按摩者用拇指指腹紧压住中指指甲，而后做伸指运动，将中指迅速弹出，连续弹击按摩部位。

（3）双指弹法。

按摩者用拇指指腹抵于食指指甲和中指指甲，而后做伸指运动，将食指、中指两指迅速弹出，连续弹击按摩部位。（图2-33）

双指弹法

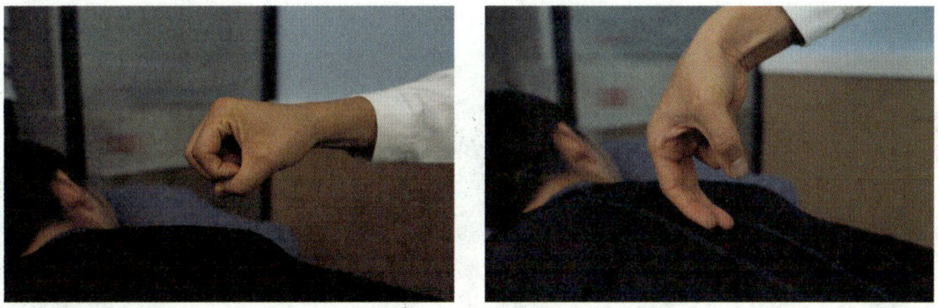

图2-33　双指弹法

【动作要领】

（1）弹击力要均匀而连续。

（2）弹击强度，以不引起被按摩者疼痛为度。

（3）动作要轻巧而灵活，悬弹而击之。

（4）连续弹击频率大约为160次/分。

【注意事项】

（1）头面部操作时，弹击力量宜轻，在四肢关节处则可略重。

（2）动作不可时断时续。

【应用部位】

弹法具有舒筋通络、活血止痛、松解黏连、调和气血的功效，适用于全身各部位，尤以头部、关节部位最为常用，用于治疗头痛、关节酸痛、伸屈不利等病症，或用于精神诱导。

6. 运动关节类手法

对关节做被动性活动的手法，统称为运动关节类手法，包括摇法、拔伸法等。

摇法

沿关节运动轴的方向进行四肢关节前后屈伸、内收外展、内旋外旋、脊柱俯仰、侧屈、左右旋转以及环转等被动运动的手法，称为摇法。

【操作方法】

按摩者用一只手握住或夹住被摇关节的近端，以固定肢体，另一只手握住关节远端的肢体，然后做缓和的环转运动，使被摇的关节做顺时针及逆时针方向的摇动。此法用于颈项部、腰部以及四肢关节。现将各关节摇法分述如下。

颈部摇法

（1）颈部摇法。

被按摩者取坐位，颈部放松。按摩者站于其背后或侧方，用一只手扶住其头顶稍后部，另一只手托住其下颌部，双手相反方向用力，使头颈部做由右向左或由左向右的反复环转运动，摇动颈椎。（图2-34）

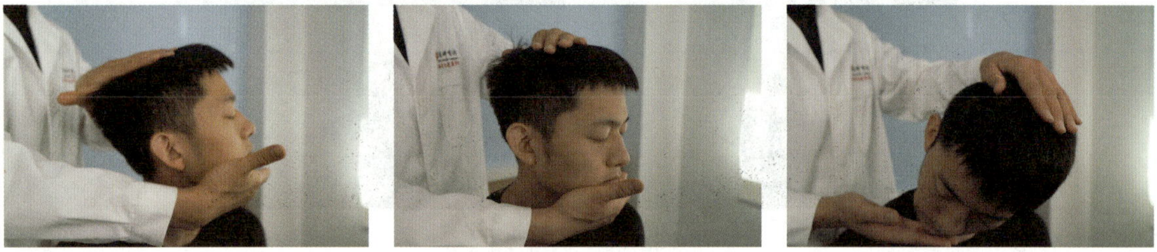

图2-34　颈部摇法

（2）肩关节摇法。

被按摩者取坐位，肩部放松，患肢自然屈肘。按摩者站于其患侧，上身微微前倾，一只手扶住其肩关节上部，同时另一只手托起其肘部（使被按摩者前臂搭于按摩者的前臂部），然后做缓慢的顺时针及逆时针方向的转动。（图2-35）

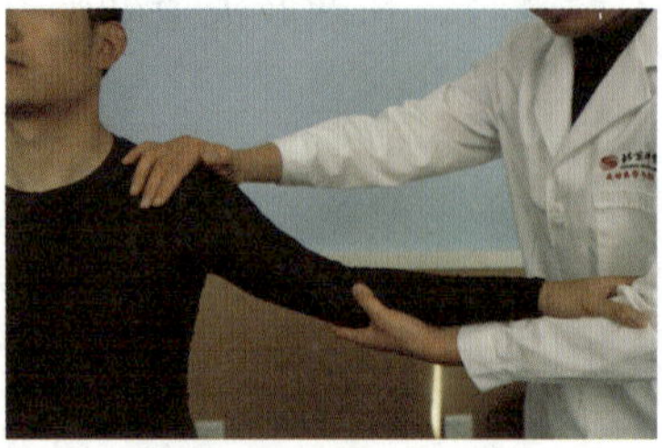

图2-35　肩关节摇法

（3）肘关节摇法。

被按摩者取坐位或卧位，按摩者一只手扶住其肘部，另一只手握住其腕部，然后做肘关节的环转摇动。（图2-36）

（4）腕关节摇法。

按摩者一只手握住被按摩者的腕关节上端，另一只手握住其手掌部，先做腕关节的拔伸，然后将腕关节做顺时针或逆时针方向的环转摇动。（图2-37）

腕关节摇法

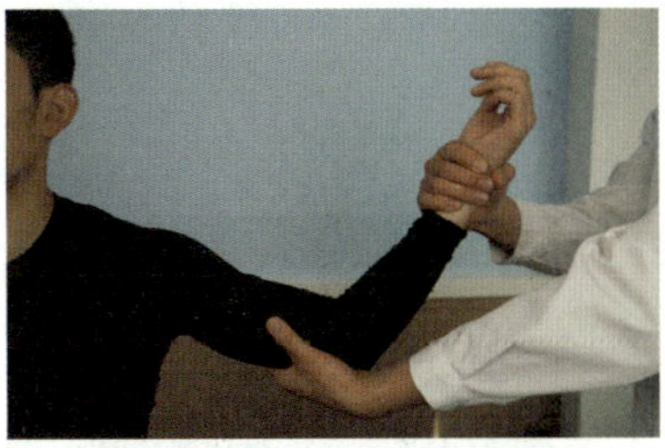

图2-36　肘关节摇法

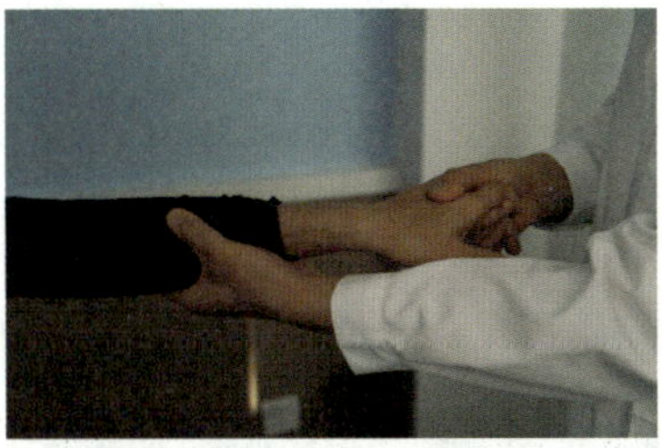

图2-37　腕关节摇法

（5）掌指关节或指间关节摇法。

按摩者一只手握住被按摩者的掌或指的近端，另一只手捏住被按摩者的手指，先做掌指关节拔伸或指间关节拔伸，然后做掌指关节或指间关节的顺时针方向及逆时针方向的环转摇动。

（6）腰椎摇法。

被按摩者取坐位，腰部放松伸直。按摩者坐于其后或站于其后，用一只手按住其腰部，另一只手扶住其对侧肩部，前臂按于颈项部，两手协同用力，使其腰部做缓慢的环转摇动。

（7）髋关节摇法。

被按摩者取仰卧位，一侧下肢屈膝屈髋，按摩者站于该侧，一只手扶住其膝部，另一只手握住其足跟部，两手协同动作，使其髋关节屈曲至90°左右，然后做顺时针方向或逆时针方向的环转运动。（图2-38）

髋关节摇法

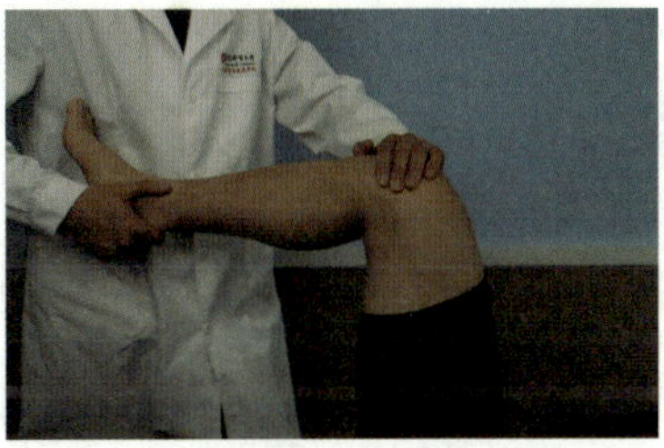

图2-38　髋关节摇法

（8）膝关节摇法。

被按摩者取仰卧位，一侧下肢屈膝屈髋。按摩者站于其侧方，一只手扶住膝关节上方，另一只手托住其足跟，两手协同用力，使膝关节屈曲至90°左右，然后缓慢地做膝关节顺时针或逆时针方向的环转摇动。（图2-39）

（9）踝关节摇法。

被按摩者取仰卧位或坐位，下肢伸直。按摩者站于其足后，一只手握住其小腿下端，另一只手握住其足趾部，稍用力牵引拔伸踝关节，并在此基础上做踝关节的环转摇动。（图2-40）

踝关节摇法

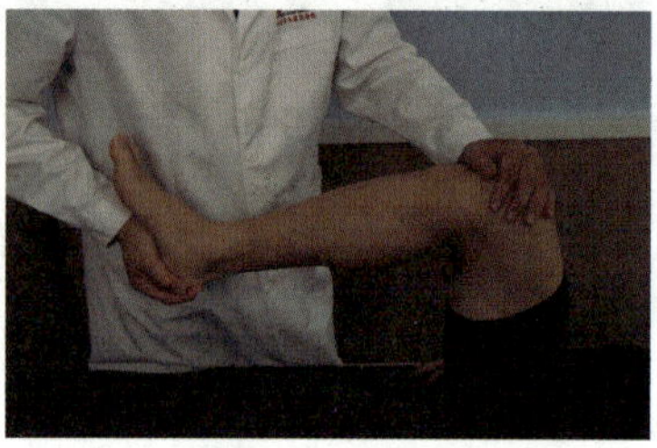

图2-39　膝关节摇法

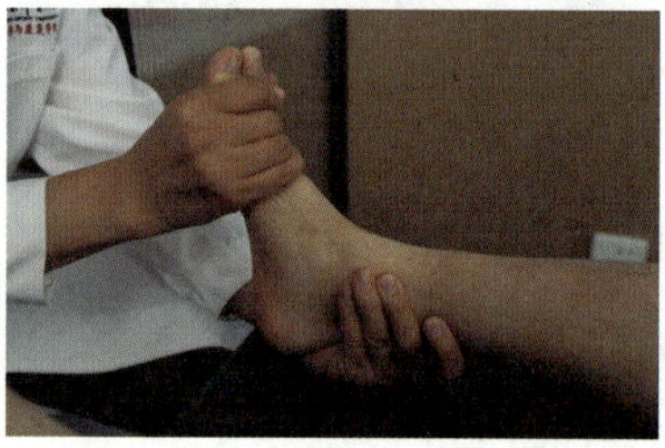

图2-40　踝关节摇法

【动作要领】

（1）摇转的幅度要由小到大，逐渐增大。

（2）操作时动作要缓和，用力要平稳，摇动速度宜缓慢，不宜急速。

【注意事项】

（1）摇转的幅度大小，要根据情况恰如其分地掌握，做到因势利导，适可而止。

（2）摆转的幅度必须限制在正常关节生理允许范围之内，或者被按摩者能够忍受的范围之内进行。

【应用部位】

摇法具有舒筋活血、滑利关节、松解黏连和增强关节活动功能等作用，适用于颈项部、腰部及四肢关节。常用于治疗颈项部、腰部及四肢关节酸痛和运动功能障碍等病症。

拔伸法

固定关节或肢体的一端，牵拉另一端，运用对抗的力量使关节得到伸展的手法，称为拔伸法，又称为牵拉法或牵引法。

【操作方法】

按摩者手握被按摩者关节的远端，沿患肢纵轴方向牵拉、拔伸，或者按摩者分别握住该肢体关节的两端，向相反方向用力拔伸、牵拉。此法用于全身各部位的关节。现将主要关节拔伸法分述如下。

（1）颈部拔伸法。

颈部拔伸法

被按摩者取坐位，头部呈中立位或稍向前倾位。按摩者站于其后，拇指与其余四指分开，用双手拇指顶住被按摩者枕骨后方（风池穴处），其余四指托住其两侧下颌骨，前臂放在被按摩者肩背部，然后逐渐向上拔伸颈椎。（图2-41）

（2）肩关节拔伸法。

肩关节拔伸法

被按摩者坐于低凳上，一侧上肢放松。按摩者站于其侧后方，双手握住其肘部，慢慢向上做上举运动，至最大限度时，做持续性向上牵拉运动。（图2-42）

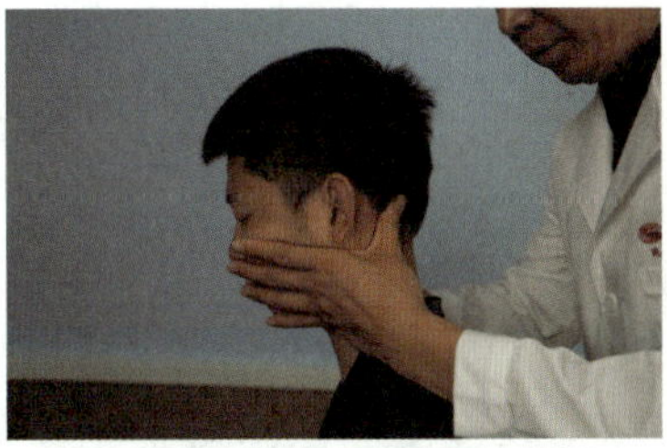
图2-41　颈部拔伸法

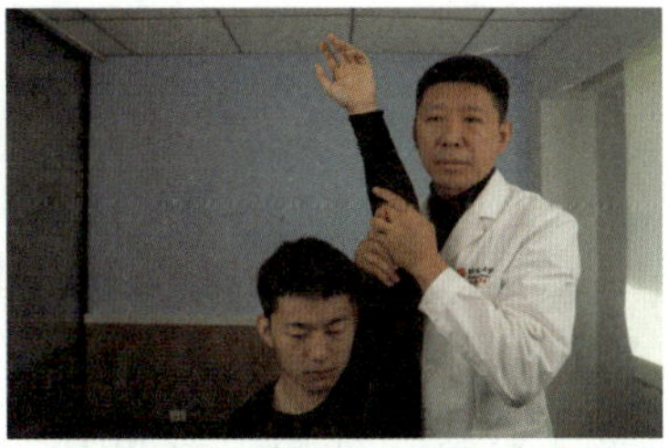
图2-42　肩关节拔伸法

（3）肘关节拔伸法。

被按摩者取坐位，按摩者站于其侧方，将其上肢置于外展位，助手两手握住其上臂上段以固定；按摩者一只手握其腕部，另一只手握其前臂下段进行拔伸。

（4）腰椎拔伸法。

被按摩者取俯卧位，双手抓住床头或助手固定其肩部。按摩者立于其足端，用双手分开握住其两下肢足踝部，身体后倾，逐渐向其足端拔伸。

（5）踝关节拔伸法。

踝关节拔伸法

被按摩者仰卧，按摩者站立于其足边。用一只手托其足跟部，另一只手握住其跖趾部，两手对抗用力，持续拔伸踝关节。（图2-43）

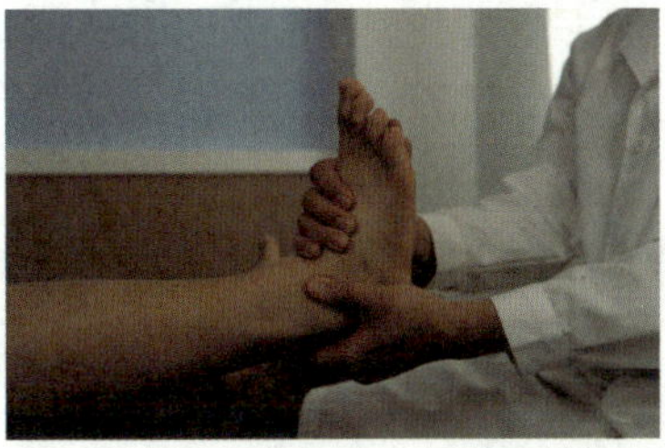
图2-43　踝关节拔伸法

【动作要领】

（1）操作时，动作要平稳而柔和。

（2）用力要均匀而持续，不可用突发性的猛力牵拉，力量由小到大，逐渐增加。拔伸时间应持续25分钟以上。

（3）根据不同的部位和病情，适当控制拔伸力量和方向。如力量不当，不仅会影响治疗效果，甚至会造成不良后果。

【注意事项】

（1）关节上下相对的一对拉伸力应该大小相等，同步协调，用力不能一大一小、一先一后。

（2）要注意对握力点部位与邻近组织的保护，不要施猛力抠、掐，以免损伤皮肤、神经。

（3）注意掌握四肢关节与脊柱拔伸时不同的操作要领。

【应用部位】

拔伸法有理筋、整复、增加关节间隙、解除神经挤压、松解黏连等作用，可治疗颈椎病、腰椎间盘突出症、肌腱韧带错位、关节缩窄、小关节紊乱或半脱位等病症。

课后自学

（一）按摩手法的命名原则和分类

1. 命名原则

按摩手法是特定的规范技巧动作，由于历史、地理、师徒传授等多方面的原因，手法命名比较混乱，有关手法的名称各家说法不一。为了推广按摩手法，将手法的动作形态作为手法的命名最为常用。

（1）按照动作形态命名：推法、拿法、搓法、捻法、背法、按法、摩法、擦法、捏法、挤法、拧法、刮法、击法、拍法、揉法、掐法、撮法、滚法等。

（2）通过医生的手法，产生相应的动作命名：伸屈法、旋转法、摇法等。

（3）按照动作的字义命名：摇法、推法、摩法等。

（4）按照借用的器具和手法动作相结合命名：用桑枝棒进行击打的称为“棒击法”等。

2. 分类

手法分类有下列几种。

（1）根据手法动作形态分类：摆动类、摩擦类、振动类、挤压类、叩击类、运动关节类。

（2）根据按摩手法流派分类：一指禅按摩手法、滚法按摩手法、内功按摩手法、正骨按摩手法等。

（3）根据手法应用对象分类：成人按摩手法、小儿按摩手法。

（4）根据手法作用分类：镇静手法、复位手法等。

（5）根据手法作用途径分类：刺激类手法、矫正类手法、松动类手法。

（6）根据手法轻重分类：阴柔型手法、阳刚型手法。

（7）根据习惯应用分类：常用手法、一般手法、主要手法等。

（8）根据治疗过程分类：准备手法、治疗手法、结束手法。

（9）根据按摩方式分类：单式手法、复式手法、复合手法等。

（二）按摩常用的体位

在按摩的过程中，无论按摩者还是被按摩者，都应该选择一种最佳的体位，以利于手法的操作，防止异常情况的发生。在选择体位时应考虑以下两个方面：①有利于按摩者手法的充分发挥，操作自如；②有利于被按摩者肌肉充分放松，并能保持较长时间接受按摩。

1. 被按摩者体位

被按摩者一般采用卧位或坐位，立位较少采用。

（1）仰卧位：面部向上仰卧，下肢伸直，上肢自然置于身体两侧。在头面部、胸腹部及四肢等部位进行按摩时常采取此种体位。

（2）俯卧位：面部向下俯卧，头转向一侧或向下，下肢伸直，上肢自然置于身体两旁或屈肘向上，置于头部两侧，肌肉放松，呼吸自然。头部、腰背部及下肢等部位的按摩常采用此种体位。

（3）侧卧位：面部向左或向右，侧向而卧。两下肢均屈曲或一侧下肢屈曲，另一侧下肢伸直。在肩部、上肢外侧、臀部、下肢外侧按摩时，常采用此体位。

（4）端坐位：被按摩者端正而坐，肌肉放松，呼吸自然，两上肢自然下垂或根据需要一侧上肢或者下肢呈外展、前屈位。在做肩背部、上肢按摩时常采用此种体位。

2. 按摩者体位

一般对头面部和胸腹部的操作采用坐位，对颈项部、腰背部、下肢大多采用站立位操作。

（三）学习按摩手法的注意事项

按摩手法是一种技巧性很强的动作，必须刻苦、认真地练习。为了把手法练习好，在训练过程中按摩者必须注意以下几个问题。

（1）全神贯注：练习手法时必须做到思想集中，按照手法动作要领及要求认真练习，做到手到、眼到、心到，只有这样才能学好手法操作。

（2）顽强刻苦：要具有不怕吃苦的决心，克服手法练习中出现的酸、胀、痛等问题。

（3）持之以恒：要经过较长时间的练习才能把手法练习好。

（4）循序渐进：手法的练习不可急于求成，要逐渐增加练习的时间、手法的种类。

（5）劳逸结合：须注意练养结合，练习过度有害健康，练习不足会使手法技术得不到提高。

（四）身体不同部位的按摩

1．头面部按摩法

（1）体位：被按摩者端坐，全身自然放松，头稍后仰。按摩者站于被按摩者前侧方。

（2）取穴：百会、印堂、太阳、迎香、攒竹等穴位。

（3）手法：一指禅推法，结合揉、点、按、推、拿等手法。

（4）操作方法：

①一指禅推百会穴。

②一指禅推前额。

③点按百会穴。

④推攒竹穴。

⑤揉印堂穴。

⑥揉太阳穴。

⑦揉迎香穴。

⑧大鱼际揉前额、面颊部。

⑨分推前额、眼眶以及迎香等穴位。

⑩掌推后脑。

（5）应用范围：感冒头痛、高血压头痛、偏头痛、失眠、健忘、神经衰弱等。

2．颈项部按摩法

（1）体位：被按摩者取俯卧位，全身放松，呼吸自然。按摩者站于被按摩者后侧方。

（2）取穴：风池、风府、天柱、大椎、肩井等穴位。

（3）手法：一指禅推法，结合揉、擦、拿、摇、拔伸、扳等手法。

（4）操作方法：

①一指禅推风池穴。

②擦颈项部。

③揉风池穴。

④拇指按揉颈项部两侧肌肉以及颈椎。

⑤拿两侧颈部斜方肌、胸锁乳突肌。

⑥拿肩井穴。

⑦叩击颈项部两侧肌肉（采用小鱼际击法、指尖击法以及叩法）。

⑧擦颈项部（用手掌横擦大椎穴，用小鱼际直擦颈椎，用掌根直擦颈项部两侧肌肉）。

⑨拍击颈背部。

⑩拔伸颈项部。

⑪拳背振大椎。

⑫搓揉肩背部。

（5）应用范围：颈部急性软组织损伤、颈肌筋膜炎、落枕及各种类型的颈椎综合征。

3. 胸腹部按摩法

（1）体位：仰卧位。

（2）取穴：膻中、中脘、下脘、气海、关元、中级、天枢、大横等穴位。

（3）手法：一指禅推法，结合摩、擦、按、振、拔伸、旋转等手法。

（4）操作方法：

①推摩胸胁部。

②斜擦肋胁部。

③指按膻中穴。

④一指禅推天枢、大横等穴位。

⑤大鱼际揉胃脘部，可顺着升结肠—横结肠—降结肠方向移动。

⑥指或掌按中脘、气海等穴位（顺呼吸而按）。

⑦掌揉中脘、气海等穴位。

⑧指摩中脘、气海等穴位。

⑨掌摩腹部（顺时针或逆时针方向）。

⑩指振中脘穴。

⑪分推腹部。

（5）应用范围：肋间神经痛、肋软骨炎、肋椎关节脱位、消化不良、慢性胃炎、胃肠功能紊乱、便秘、腹泻、术后肠黏连、慢性盆腔炎、月经不调、痛经等。

4. 腰背部按摩法

（1）体位：被按摩者取俯卧位，全身放松，呼吸自然。按摩者站于被按摩者侧方。

（2）取穴：肺俞、心俞、胃俞、膈俞、肾俞、华佗夹脊、大肠俞、腰阳关、八髎等穴位。

（3）手法：一指禅推法，结合揉、按、点、掌按、肘推、擦、扳等手法。

（4）操作方法：

①掌指㨰法施于华佗夹脊穴，自上而下，往返数次。重点部位：肺俞、心俞、肾俞、大肠俞等穴位。

②一指禅推脾俞、胃俞、肾俞等穴位。

③大拇指按揉腰背两侧膀胱经诸穴（肺俞、心俞、膈俞、肝俞、胆俞、脾俞、胃俞、肾俞、大肠俞）。

④掌根揉腰背部两侧膀胱经，重点掌揉两侧肾俞穴。

⑤掌按腰背部脊柱，自上而下，往返数次。

⑥叠按腰部。

⑦拿腰背肌。

⑧拨腰部骶棘肌外缘。

（5）应用范围：急性腰肌扭挫伤、慢性腰肌劳损、腰椎间盘突出症、退行性脊柱炎、腰臀肌筋膜炎、胃下垂、神经衰弱、消化不良、慢性泄泻等。

5. 肩与上肢按摩法

（1）体位：被按摩者取端坐位，一侧上肢外展，放于按摩者大腿上，肌肉放松。按摩者站于被按摩者侧方，一足踩于凳上，取屈膝屈髋位。

（2）取穴：肩髃、肩内陵、天宗、曲池、手三里、小海、内外关、合谷等穴位。

（3）手法：一指禅推法，结合揉、按、拿、摇、搓、抖、扳等手法。

（4）操作方法：

①一指禅推肩髃、肩内陵等穴位。

②揉捏上肢。

③按揉肩髃、曲池、手三里、小海、内外关、合谷等穴位。

④拨肱二头肌长头肌腱。

⑤拨曲池穴。

⑥搓揉肩部。

⑦搓、抖上肢。

⑧捻手指。

⑨擦肘臂部。

⑩摇肩关节（托肘摇肩法、扶肘摇肩法、握手摇肩法）、摇肘关节、摇腕关节、摇掌指及指间关节。

（5）应用范围：肩关节周围炎、肱二头肌长头肌腱炎、肩峰下滑囊炎、网球肘（肱骨外上髁炎）、腱鞘炎、颈椎病等。

6. 下肢按摩法

（1）体位：被按摩者取俯卧位、仰卧位，两下肢伸直放松，呼吸自然。按摩者站于其侧方。

（2）取穴：环跳、居髎、委中、承山、昆仑、足三里、阳陵泉、髀关、梁丘、血海、膝眼等穴位。

（3）手法：一指禅推法，结合肘压（推）法、揉法、按法、摇法、拿法、拍法、击法、扳法等方法。

（4）操作方法：

①一指禅推膝眼穴。

②揉捏下肢。

③肘推大腿后侧，由髋横纹到腘窝部。

④击法（小鱼际击法、掌根击法、拳心击法）施于大腿内侧、外侧，小腿后侧、外侧。

⑤掌推大腿后侧、小腿后侧、足跟。

⑥拿大腿前（股四头肌）、大腿内侧(内收肌群)、大腿后侧(股二头肌、半腱肌、半膜肌)、小腿后侧（腓肠肌、比目鱼肌）。

⑦按、揉、拨环跳、居髎、委中、承山、足三里、昆仑等穴位。

⑧摇髋关节、膝关节、踝关节。

⑨搓、抖下肢。

（5）应用范围：腰椎间盘突出症、臀肌筋膜炎、臀上皮神经损伤、髋部软组织损伤、膝关节炎、髌下脂肪垫损伤、膝侧副韧带损伤、半月板损伤、踝部软组织损伤等。

本章小结

本章主要介绍按摩基本手法的概念，按摩手法的命名原则和分类，按摩手法的基本要求，各类常用按摩手法的操作方法、动作要领、注意事项、应用部位；学习按摩手法的注意事项，以及按摩手法在人体各部位的综合运用，等等。通过本章的学习，学生能正确掌握按摩手法的动作要领，熟练手法动作技巧和协调性，使手法达到“持久、柔和、均匀、有力”的“八字诀”要求，并使按摩具有“渗透”作用，为学习按摩后续课程打下坚实的基础。

复习题

（1）按摩手法的基本要求是什么？

（2）按摩的常用手法分几类？各包括哪些手法？

（3）学习按摩手法应注意的事项有哪些？

（4）举例说明头颈部、腰背部、上下肢按摩的方法。

第三章　经穴按摩教学

○ 内容提要和学习指导

本章主要讲授经络的概念、功能、穴位及分类，经穴按摩的手法，经穴按摩的选穴原则，介绍了人体经络系统的组成及常用穴位的定位、主治及手法，经穴按摩的注意事项。因为人体的经穴数量太多，不要求全部掌握，只要求在每一类经络中可选取2～3个具有代表性的经穴，初步了解这些经穴的主治病症，其余的经穴作为自学内容，以扩大学生的知识面。要引导学生重视经穴基础理论知识的学习，并在此理论基础上进行实践操作、反复练习，进而达到可以熟练应用经穴按摩来防病治病的目的。

○ 学习目标

掌握取穴常用的方法和选穴的基本原则。

掌握常用穴位的定位、主治病症及按摩手法。

熟悉经穴按摩的注意事项。

熟悉经穴按摩的常用手法及选穴原则。

了解经络的概念、功能。

知识点导图

- 经穴按摩教学
  - 课堂教学
    - 经络的概念
    - 经络的功能
    - 穴位及分类
      - 经穴
      - 经外奇穴
      - 阿是穴
    - 经穴按摩的手法
      - 按法
      - 揉法
      - 拿法
      - 掐法
    - 经穴按摩的选穴原则
      - 取穴方法
      - 穴位按摩的选穴原则
  - 课后自学
    - 经络与腧穴
      - 经脉
      - 络脉
    - 常用经络腧
      - 手太阴肺经常用腧穴
      - 手阳明大肠经常用腧穴
      - 足阳明胃经常用腧穴
      - 足太阴脾经常用腧穴
      - 手少阴心经常用腧穴
      - 手太阳小肠经常用腧穴
      - 足太阳膀胱经常用腧穴
      - 足少阴肾经常用腧穴
      - 手厥阴心包经常用腧穴
      - 手少阳三焦经常用腧穴
      - 足少阳胆经常用腧穴
      - 足厥阴肝经常用腧穴
      - 任脉常用腧穴
      - 督脉常用腧穴
      - 经外奇穴（十四经络以外有奇效的穴位）
    - 经穴按摩的注意事项

课堂教学

经穴按摩又称穴位按摩、点穴按摩、指针按摩或指针疗法，是在人体的穴位上施以按摩手法，借以“疏通经络，平衡阴阳，扶正祛邪，内外通达”，从而调节人体机能、消除疲劳、防治伤病。它不但具有针灸的作用，而且具有按摩的功能，既有局部治疗之效，又有全身调节之功，是一种方便易行、效果良好的医疗保健方法。

（一）经络的概念

经络，是经脉和络脉的总称，是运行全身气血、联络脏腑肢节、沟通上下内外、协调阴阳、调节人体各部的通路。

经，有路径的含义。经脉贯通上下，沟通内外，是经络系统中的主干。

络，有网络的含义。络脉是经脉发出的分支，较经脉细小，纵横交错，遍布全身。

经络学说是阐述人体经络系统的循行分布、生理功能、病理变化及其与脏腑相互关系的一种系统理论。它是我国医学理论体系的重要组成部分，贯穿中医学的生理、病理、诊断和治疗等各个方面。

（二）经络的功能

经络的功能主要表现在生理、病理和治疗三个方面。

（1）经络的生理功能为运行气血，协调阴阳。气血是维持人体生命活动的精微物质，它通过经络来输布于全身，如果某一脏腑、经络的功能紊乱或失调，经络就可以通过自身调节保持阴阳平衡而不致发病。

（2）经络将气血输布全身，一能维持人体的正常生理活动，二能抗御病邪。如果某一脏腑有病变，其病变过程和征象都会通过经络表现出来。

（三）穴位及分类

穴位又称腧穴，是人体脏腑、经络气血输注于体表的特殊部位。“腧”与“输”义通，有转输、输注的含义，“穴”有空隙和聚集的含义。

经络、穴位与脏腑相关，内外相应，这样就形成了“穴位—经络—脏腑”三者之间相互联系的统一的有机整体。脏腑病症可以通过经络反映到体表穴位，在体表穴位施以针灸，也能通过经络作用于脏腑。

人体的穴位很多，一般分为经穴、经外奇穴和阿是穴三类。

（1）经穴：凡是具有一定的名称、确定的位置、分布在十四经络上的穴位均称为经穴。

（2）经外奇穴：没有列入十四经络，但有明确位置，多有固定穴名的经外效穴，称为经外奇穴，简称奇穴、经外穴。

（3）阿是穴：没有固定位置和具体名称，以压痛点或其他反应点而定位的一类穴位称为阿是穴。

阿是有“痛”的意思，因按压痛处，患者会“啊”的一声，故名为“阿是”。

（四）经穴按摩的手法

经穴按摩的手法分为按法、揉法、拿法、掐法。

经穴按摩——按法

1. 按法

用手指指端按压穴位的手法，称为按法。

【操作手法】

将拇指或中指的指腹用力按在穴位上，其余手指稍屈曲协助用力。根据治疗的需要，还可以在按的基础上施加其他手法，如拨、揉等，以加强对穴位的刺激作用，提高治疗效果。

【动作要领】

操作时先找准穴位，力量必须由轻到重，到达肌肉或组织深部，切忌猛然用力。单独做按的操作时，手指不移动，只是用力有轻重之分。（图3–1）

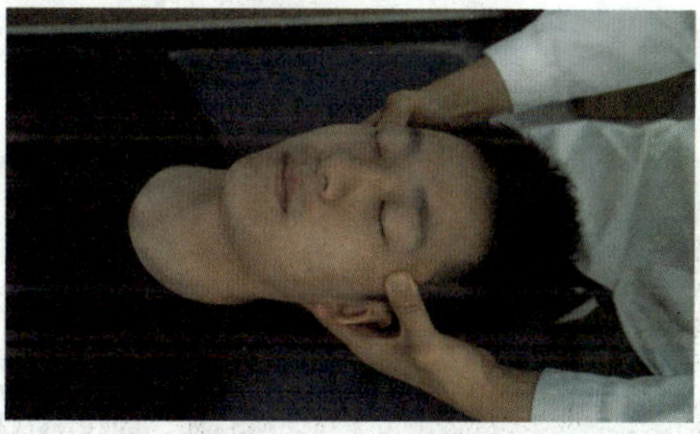

图3–1　双手按太阳穴

【功效与应用】

按法具有通滞、通络的功效，凡因经脉不通所致的疼痛、肿胀、包块均可用此法。

2. 揉法

用拇指指腹在相应穴位揉动的方法，称为揉法。

【操作手法】

按摩时先用较轻的力量找准穴位，再逐渐施加力量，多用拇指远端指腹在穴位上做圆形揉动。（图3–2）

经穴按摩——揉法

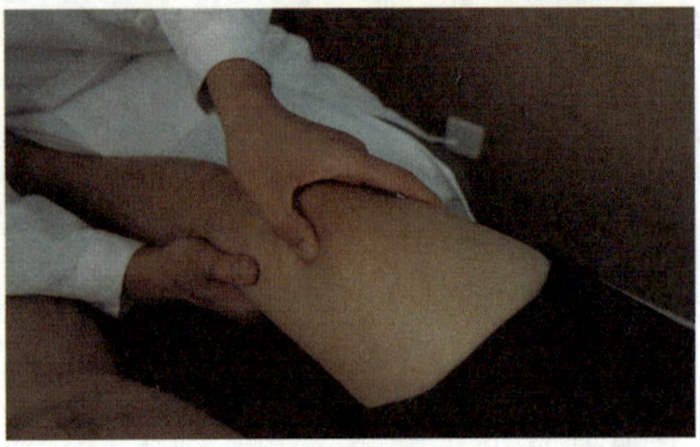

图3-2 揉血海穴

【动作要领】

揉动时手指不离皮肤，范围小，力量深沉、轻缓、柔和而均匀，使皮下组织随手指的揉动而运动。

【功效与应用】

揉法具有散寒、行气、通络、止痛的功效。凡因寒邪所致的疾病及其他原因引起的经脉不通均可用本法。例如，胃寒可揉足三里、中脘、气海等穴，以健脾和胃、散寒止痛。

3. 拿法

用两手指指端同时对向挤压两个对称的穴位或肌肉、肌腱的手法，称为拿法。

【操作手法】

拇指与食指或中指屈曲呈弧形，用其指端钳在两个对称的穴位上，同时对合用力按提，使被按摩者有酸、胀、麻的感觉，拿少海穴和尺泽穴如图3-3所示。

经穴按摩——拿法

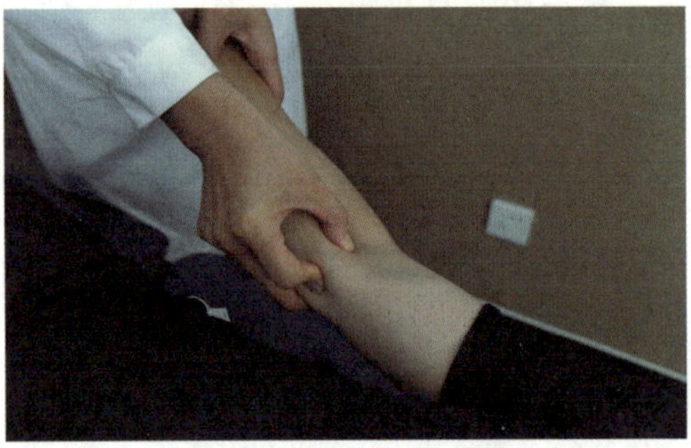

图3-3 拿少海穴和尺泽穴

【动作要领】

首先用较小的力摸准两个对称的穴位，待被按摩者有“得气”的感觉后，可逐渐加力。手的力量应始终贯注于指端，其强度以达到酸胀为宜，拿后被按摩者感到轻松舒适。

【功效与应用】

拿法具有通滞、调气、止痛的功效，主要应用于人体对称的两个穴位上，如背部脊柱两侧的肾俞穴、大肠俞穴以及夹脊穴等；还可应用于阴阳成对的对称穴位上，如腕部的内关穴和外关穴，掌部的内劳宫穴和外劳宫穴，膝下的阴陵泉穴和阳陵泉穴，等等，有类似针灸的“透穴”作用。

4. 掐法

用手指指尖压在身体某一部位或穴位上持续地进行掐压的手法，称为掐法。因掐压穴位时，被按摩者“得气”感明显，故又可称为指针法。

经穴按摩——掐法

【操作手法】

拇指指间关节呈屈曲状，其余四指自然伸直，用拇指指端或指尖在身体某穴位上向深部用力，或拇指微屈，其余四指握拳，食指紧贴拇指，以助发力。在掐的同时根据需要可辅以推、拨、揉的动作。（图3–4）

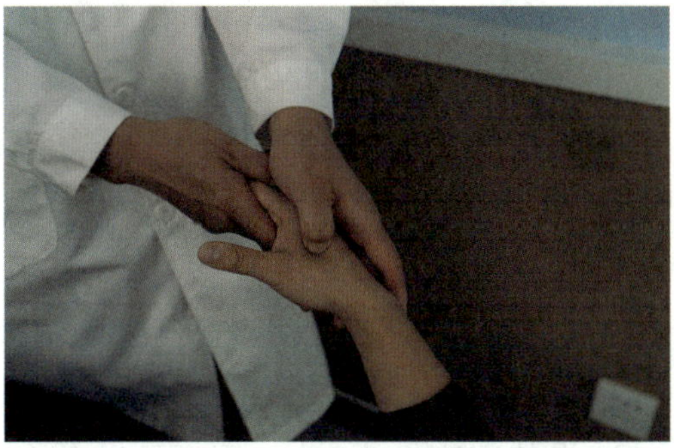

图3–4　掐合谷穴

【动作要领】

（1）操作时需先用指端分开穴位附近的血管、筋膜或肌腱，“得气”（被按摩者有酸、麻、胀重等感觉）后，再使用较重的力量进行掐按。

（2）手的力量应贯注于指端，动作不宜过猛，其强度以有酸胀感为宜。

（3）掐后应轻揉该部位，缓解掐的刺激强度。

【功效与应用】

掐法是一种刺激作用较强的手法，具有通络、活血、消肿、散寒祛风、兴奋神经的功效。

在晕厥、休克、中暑、低血糖、运动损伤疼痛、运动中腹痛等病症的急救中，可选择人中、百会、合谷等穴位进行掐按。

【注意事项】

掐法刺激较强，在有神经、血管走行的浅表部位施行掐法时应注意，以免损伤神经、血管。

（五）经穴按摩的选穴原则

1. 取穴方法

常用的取穴方法有指寸定位法、骨度分寸法、体表标志定位法，但比较常用的是指寸定位法，此方法既方便又较准确。

（1）指寸定位法，是指依据被按摩者本人手指所规定的分寸来量取穴位的定位方法，

又称“手指同身寸法”，常用的有以下3种方法。（图3-5）

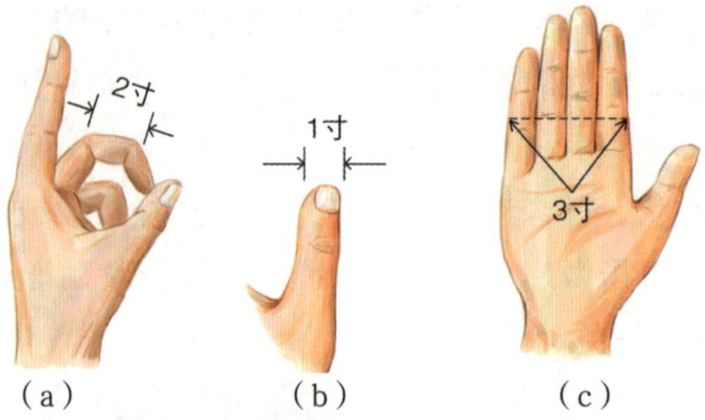

图3-5　指寸定位法

①中指同身寸法：以被按摩者中指中节屈曲（拇指、中指屈曲成环形）时桡侧两端纹头之间的距离作为2寸，用于四肢部取穴的直寸、背部的横寸。［图3-5（a）］

②拇指同身寸法：以被按摩者拇指的指关节的宽度作为1寸，常用于四肢部的直寸取穴。［图3-5（b）］

③横指同身寸法（又名一夫法）：令被按摩者将食指、中指、无名指和小指并拢，以中指中节横纹处为标准，其四指的宽度作为3寸，用于下肢部取穴的直寸、背部的横寸。［图3-5（c）］

（2）骨度分寸法，是指以骨节为标志，将两骨之间的长度折算为一定的分寸。无论男女、老少、高矮、胖瘦，在某一部位每个人的长度或宽度所折的寸数都一样。例如，每个人的头部由前发际正中至后发际正中都折成12寸。（图3-6）

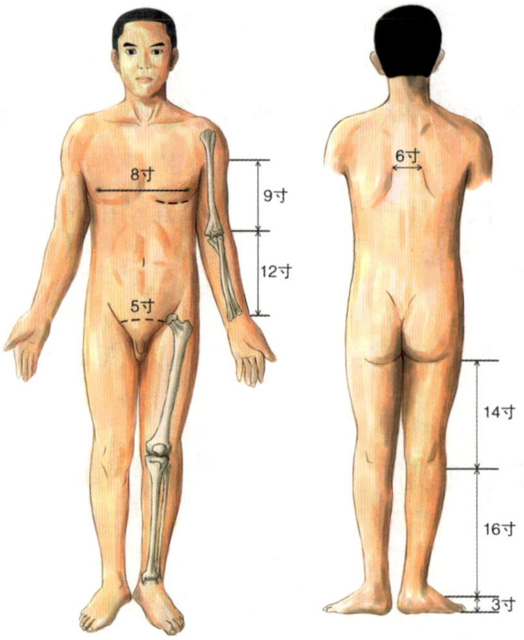

图3-6　骨度分寸法

注意事项：任何人在相同部位的骨度分寸都是固定的；骨度分寸的“分寸”，应视为比例或等分；不同部位的定位采用相应的骨度分寸。

（3）体表标志定位法，利用某些体表标志来选取穴位，有时也很方便。例如，两耳尖的连线与头顶正中线的交点为百会穴，两眉内侧端连线的中点为印堂穴，第七颈椎与第一胸椎棘突之间为大椎穴，腘窝横纹中点为委中穴，腓骨小头前下方凹陷处为阳陵泉穴，等等。

常用的体表标志如下。

固定标志：五官、毛发、指（趾）甲、乳头、脐、部分骨节凸起或凹陷、肌肉纹理。

活动标志：关节、肌肉、肌腱、皮肤随活动出现的空隙、凹陷、皱纹等。

2. 穴位按摩的选穴原则

按摩时的选穴是按摩手法处方的一个组成部分，它以脏腑经络学说为依据，以辨证论治为原则。根据不同部位的不同伤病，应选择具有相关功能的穴位并进行适当的组合，才能取得最佳效果。

选穴的原则分为近部选穴原则、远部选穴原则和对症取穴原则三种。

（1）近部选穴原则。

近部选穴原则是在病变所在部位的局部和邻近部位选用适当穴位进行按摩治疗的原则。伤科疾病多采用近部选穴。例如，踝部扭伤可选用踝部的丘墟、昆仑、解溪等穴位，腰部损伤疼痛可选腰眼、肾俞、命门等穴位。

（2）远部选穴原则。

远部选穴原则是根据经络穴位的主治功能规律，在伤病部位较远处选用穴位的原则。十四经络穴位中，尤其是十二经脉在四肢肘膝以下的穴位，不仅能治局部伤病，而且能对本经循行所经过的远部脏腑、组织和器官有远治作用。例如，腰背损伤疼痛取委中穴、昆仑穴、承山穴，胸胁部损伤疼痛取内关穴，胃肠疾患取足三里穴，等等。

（3）对症取穴原则。

对症取穴原则是根据穴位的特殊治疗作用和穴位的主治范围，选用对某种伤病有独特治疗作用的穴位。例如，腰部软组织急性扭伤可选用位于手背的腰痛穴，热症选用曲池穴、大椎穴，齿痛选用颊车穴、合谷穴，等等。

在选穴时既可单独运用一种选穴方法，也可几种选穴方法相互配合应用。例如，腰肌劳损可用指针法刺激腰背部的肾俞穴、大肠俞穴（近部选穴），配合刺激委中穴（远部选穴），按揉手背的腰痛穴（对症取穴），即三种选穴方法具体配合应用。

课后自学

（一）经络与腧穴

经络、腧穴是按摩学的重要组成部分，按摩治疗无不与经络、腧穴密切相关。经络是人体气血运行、联络脏腑及全身各部，沟通上下内外的通道。腧穴是人体脏腑、经络气血输注于体表的部位，也是疾病的反应点和经穴按摩的治疗点。

经络系统由经脉和络脉组成。

1. 经脉

经脉包括十二经脉和奇经八脉。

（1）十二经脉。

十二经脉是经络系统的主体，故又称为“正经”。它可分成六条阴经和六条阳经，包括手三阴（手太阴肺经、手少阴心经、手厥阴心包经）、足三阴（足太阴脾经、足少阴肾经、足厥阴肝经）、手三阳（手阳明大肠经、手太阳小肠经、手少阳三焦经）、足三阳（足阳明胃经、足太阳膀胱经、足少阳胆经），分别属于肺、大肠、胃、脾、心、小肠、膀胱、肾、心包络、三焦、胆、肝等十二脏腑，合称“十二经脉”，是气血运行的主要通道。十二经脉左右对称地分布于头面、躯干和四肢等部位，纵贯全身，有一定的起止、一定的循行部位和交接顺序，在肢体的分布和走向上有一定的规律，同体内脏腑有直接的络属关系。

（2）奇经八脉。

督、任、冲、带、阴跷、阳跷、阴维、阳维合称“奇经八脉”。“奇”有异的含义，它们与正经不同，既不属于脏腑又无表里关系，故称“奇经”。除任、督二脉外，其余六脉借道纵横交错于十二经脉。

奇经八脉的作用：沟通十二经脉之间的联系，将部位相近、功能相似的经脉联系起来，达到统摄有关经脉气血、协调阴阳的作用；对十二经脉气血有蓄积和渗灌的调节作用，当十二经脉气血旺盛时，奇经八脉能加以蓄积，当人体功能活动需要时，奇经八脉又能渗灌供应。

十二经脉和任、督二脉，均具有一定的循行路线、病候及专属穴位与主治，是经络系统中的主要部分，故相提并论，合称“十四经”。

2. 络脉

络脉包括十五络脉、浮络和孙脉。

（二）常用经络与腧穴

1. 手太阴肺经常用腧穴

手太阴肺经左右各分布有11个穴位，主要治疗咽喉、气管、胸、肺的病变和经脉循行部位的病变。下面以太渊、少商、中府、尺泽、列缺等常用腧穴为例说明。（图3-7）

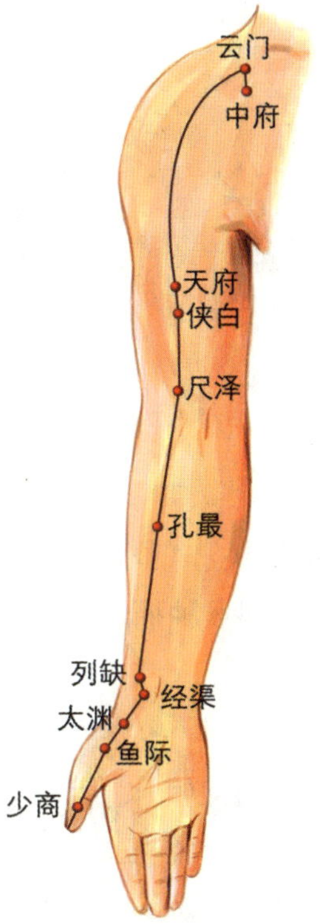

图3-7　手太阴肺经常用腧穴

（1）太渊。

定位：腕掌侧横纹桡侧，桡动脉桡侧凹陷中。（图3-7）

主治：咳嗽、气喘、咳血、手腕疼痛无力、胸背痛。

手法：按、揉、掐。

（2）少商。

定位：拇指桡侧，距指甲角0.1寸。（图3-7）

主治：咳嗽、鼻衄，用于急救（中风、昏迷、中暑、抽搐、癫狂等）。

手法：掐。

（3）中府。

定位：胸前壁之外上方，前正中线旁开6寸，平第一肋间隙处。（图3-7、图3-8）

主治：咳嗽、气喘、胸痛、胸部胀满、肩背痛。

手法：按、揉。

（4）尺泽。

定位：肘横纹中、肱二头肌腱桡侧凹陷处。（图3-7、图3-8）

主治：咳嗽、气喘、咽喉肿痛、肘臂挛痛、小儿惊风。

手法：按、揉、拿。

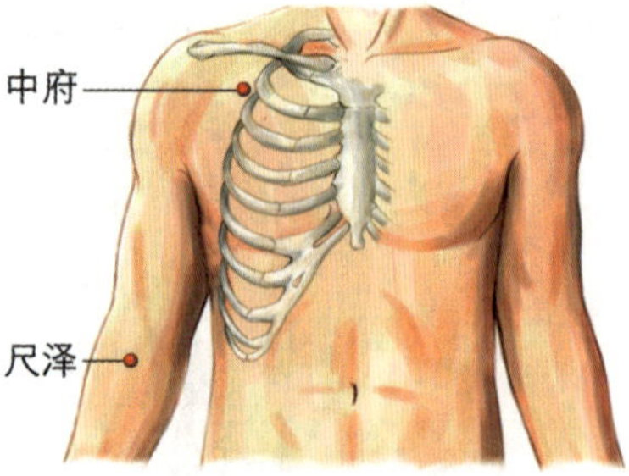

图3-8 中府、尺泽

（5）列缺。

定位：腕横纹上1.5寸，桡骨茎突上方。（图3-7、图3-9）

主治：头痛、项强、咳嗽、气喘、咽喉肿痛、牙痛、手腕痛。

手法：按、揉、掐。

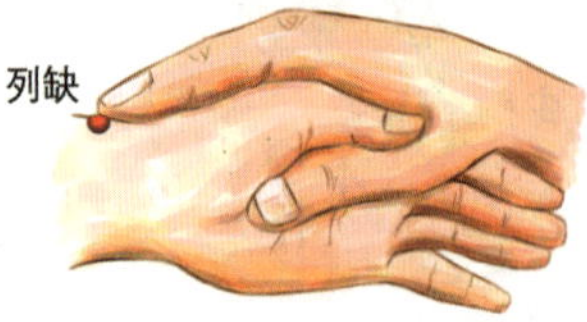

图3-9 列缺

2. 手阳明大肠经常用腧穴

手阳明大肠经左右各分布有20个穴位，主要治疗头面、五官、咽喉的病变，热病和经脉循行部位的病变。下面以迎香、阳溪、商阳、合谷、手三里、曲池、臂臑、肩髃等常用腧穴为例说明。（图3-10）

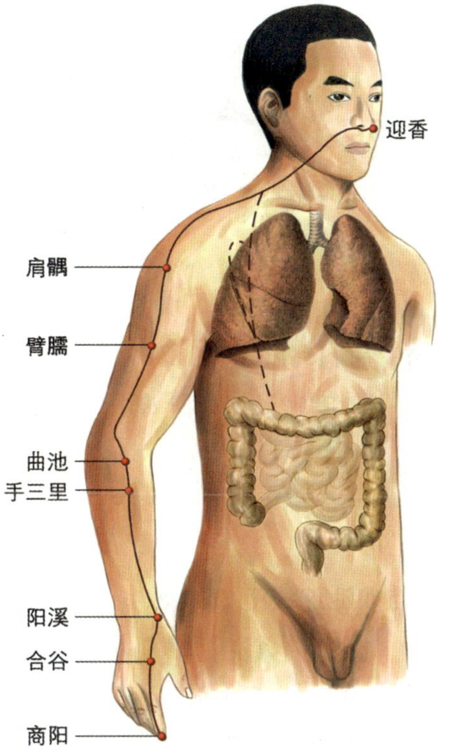

图3-10　手阳明大肠经及其部分常用腧穴

（1）迎香。

定位：鼻翼外缘中点，旁开0.5寸，鼻唇沟中。（图3-10）

主治：鼻塞、鼻衄、面痒、面肿、胆道蛔虫病等。

手法：按、掐、揉。

（2）阳溪。

定位：腕背横纹之桡侧，拇指向上翘起时，拇短伸肌腱与拇长伸肌腱之间凹陷处。（图3-10）

主治：手腕痛、头痛、齿痛、耳鸣、耳聋、目赤肿痛。

手法：按、掐。

（3）商阳。

定位：食指桡侧，距指甲角0.1寸。（图3-10）

主治：咽喉肿痛、耳聋、耳鸣、昏迷、热病、手指麻木。

手法：揉、掐。

（4）合谷。

定位：手背第一、第二掌骨间，第二掌骨桡侧的中点处。（图3-10、图3-11）

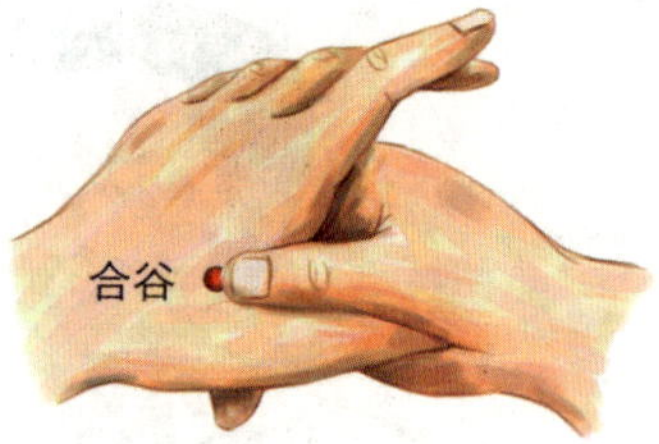

图3-11　合谷

功效：疏风清热，醒脑开窍，通调气血。

主治：头痛、眩晕、牙关紧闭、咽喉肿痛、牙痛、失声、发热、多汗、手指痉挛、臂痛、上肢不遂、闭经等。

手法：揉、掐。

（5）手三里。

定位：肘横纹下2寸，阳溪与曲池连线上。（图3-10、图3-12）

主治：网球肘（肱骨外上髁炎）、上肢不遂、肘痛不利、肩背疼痛、手臂麻木酸痛、腹胀、吐泻等。

手法：揉、掐、拨。

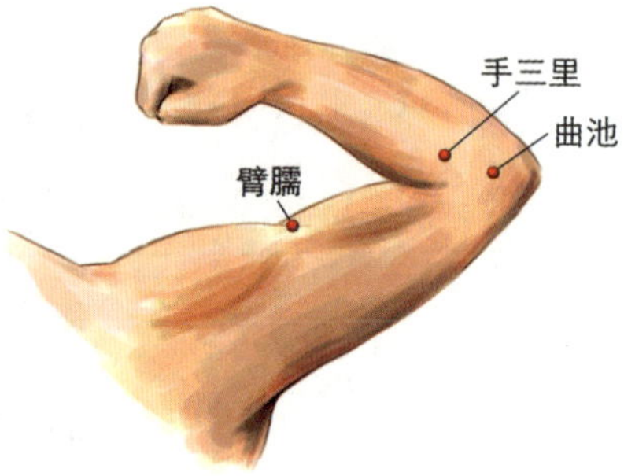

图3-12　手三里、曲池、臂臑

（6）曲池。

定位：肘横纹外侧端，屈肘，尺泽与肱骨外上髁连线中点。（图3-12）

主治：上肢不遂、肘臂疼痛无力、咽喉肿痛、皮肤病、高血压、腹痛、吐泻等。

手法：按、掐、点。

（7）臂臑。

定位：三角肌止点处，曲池穴与肩髃穴连线上，曲池穴上7寸。（图3-12）

主治：肩臂痛、肩袖损伤、半身不遂。

手法：按、掐、捏。

（8）肩髃。

定位：上臂外展或向前平伸时，肩峰前下方凹陷处。（图3-10）

主治：肩关节周围炎、肩臂痛、肩袖损伤、半身不遂、手臂挛急。

手法：按、掐、捏。

3. 足阳明胃经常用腧穴

足阳明胃经左右各分布有45个穴位，主要治疗胃肠病，头面、五官病变和经脉循行部位的病变。下面以梁门、天枢、髀关、伏兔、梁丘、犊鼻、足三里、解溪、头维、下关、颊车等常用腧穴为例说明。（图3-13、图3-14）

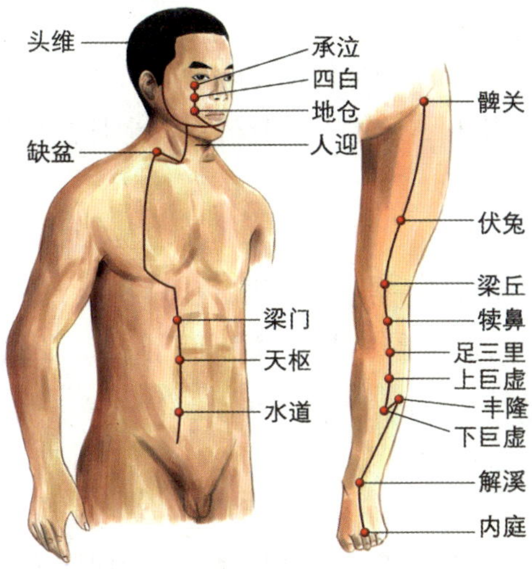

图3-13　足阳明胃经及其部分常用腧穴

（1）梁门。

定位：脐上4寸，前正中线旁开2寸。（图3-13）

主治：胃痛、呕吐、食欲不振、腹胀腹泻。

手法：按、揉、摩。

（2）天枢。

定位：脐旁2寸。（图3-13）

主治：腹痛、腹胀、腹泻、肠鸣、月经不调。

手法：按、揉、摩。

（3）髀关。

定位：仰卧位取穴，在髂前上棘与髌骨外缘连线上。（图3-13）

主治：股四头肌损伤、屈髋不利、腰痛膝寒。

手法：按、揉、拨。

（4）伏兔。

定位：在髂前上棘与髌骨外上缘连线之髌骨上6寸。简易取穴法：正坐屈膝90°，按摩者用手掌后第一横纹中点按在髌骨上缘中点，手指并拢放在大腿上，中指尖端所到达处即本穴。（图3-13）

主治：股四头肌损伤、腰腿痛、膝关节冷痛、下肢瘫痪、麻痹。

手法：按、揉、拨。

（5）梁丘。

定位：在髂前上棘与髌骨外缘连线上之髌骨上2寸，下肢用力蹬直时，髌骨外上缘上方的凹陷。（图3-13）

主治：膝关节损伤肿痛、屈伸不利、下肢不遂、胃痛、血尿。

手法：按、揉、拿。

（6）犊鼻。

定位：屈膝取穴，髌骨下缘，髌韧带外侧凹陷中。（图3–13）

主治：膝关节伤痛、屈伸不利、麻木、髌骨劳损、半月板损伤、膝关节滑膜炎。

手法：按、掐、拨。

（7）足三里。

定位：犊鼻下3寸，胫骨前嵴外一横指。（图3–13）

主治：下肢麻痹疼痛、半身不遂、胃痛、腹痛、泄泻、便秘、贫血、头晕、心悸。配曲池有降压作用。

手法：按、揉、掐。

（8）解溪。

定位：足背，踝关节横纹中点，在拇长伸肌腱与趾长肌腱之间。（图3–13）

主治：头痛、眩晕、头面浮肿、下肢瘫痪、膝痛、踝关节扭伤、踝部腱鞘炎等。

手法：按、掐。

（9）头维。

定位：额角发际直上0.5寸。（图3–13、图3–14）

主治：头痛、头晕、迎风流泪、目痛。

手法：按、揉。

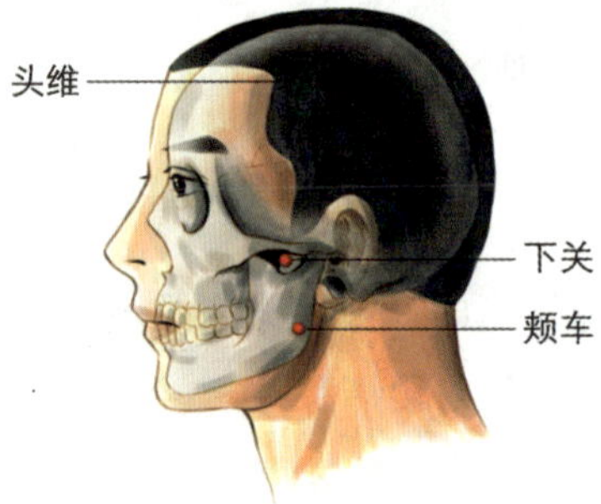

图3–14　颊车、下关、头维

（10）下关。

定位：耳屏前约一横指，正当颧弓与下颌切迹形成的凹陷中，合口有孔，张口即闭。闭口取穴。（图3–13、图3–14）

主治：下颌关节紊乱、牙痛、耳鸣耳聋、眩晕、面瘫。

手法：按、揉。

（11）颊车。

定位：下颌角前上方约一横指凹陷处，咀嚼时咬肌隆起最高点处。（图3–13、图3–14）

主治：颈项强痛、三叉神经痛、面瘫、牙痛、颊痛、流涎。

手法：按、揉。

4. 足太阴脾经常用腧穴

足太阴脾经左右各分布有21个穴位，主要治疗脾胃病、妇科病和经脉循行部位的病变。下面以商丘、三阴交、阴陵泉、血海等常用腧穴为例说明。（图3–15）

（1）商丘。

定位：足内踝前下方凹陷中，当足舟骨结节与内踝尖连线的中点处。（图3–15、图3–16）

主治：足踝疼痛、腹胀、便秘、癫狂。

手法：按、摩、揉。

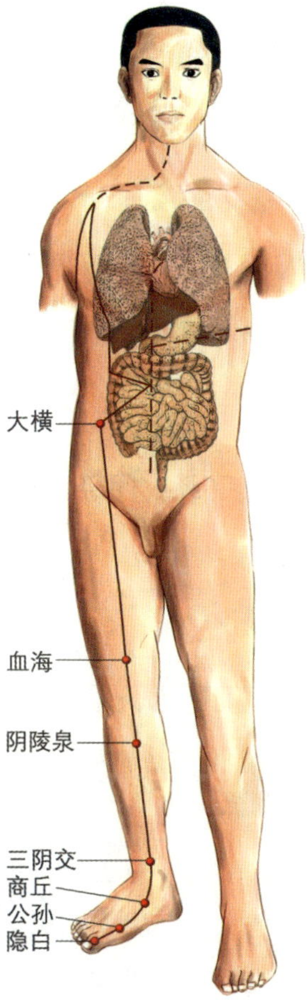

图3–15 足太阴脾经及其部分常用腧穴

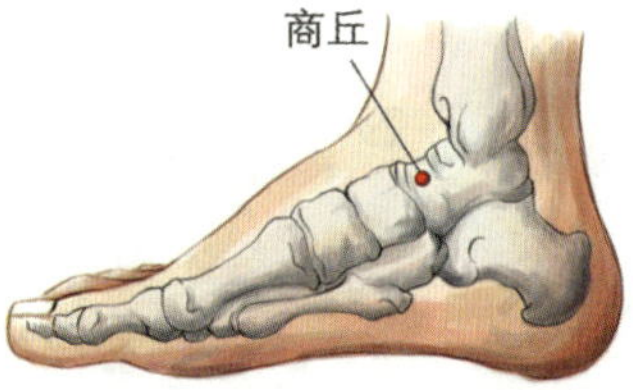

图3–16 商丘

（2）三阴交。

定位：内踝尖上3寸，胫骨内侧缘后方。

主治：胫骨疲劳性骨膜炎、下肢瘫痪、腹胀腹痛、脾胃虚弱、月经不调、痛经、不孕、遗精、尿潴留、尿失禁。（图3–15、图3–17）

手法：按、摩、揉。

（3）阴陵泉。

定位：胫骨内侧髁后下方凹陷处。（图3–15、图3–17）

主治：膝部肿痛、膝关节半月板损伤、膝内侧软组织损伤、水肿、腹泻。

手法：按、揉、拿。

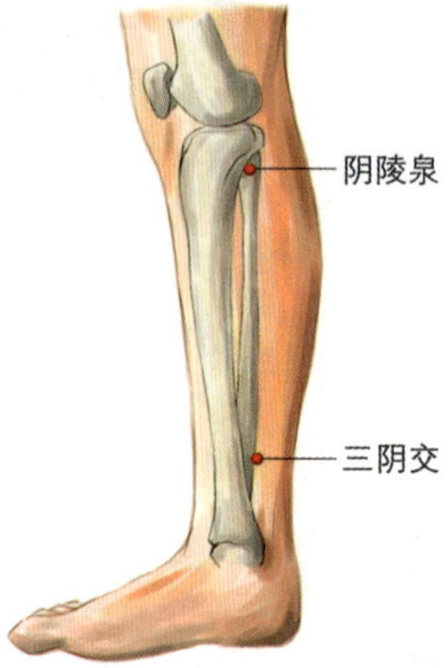

图3–17 三阴交、阴陵泉

（4）血海。

定位：髌骨内上缘上2寸，股四头肌内侧头的隆起处。（图3–15、图3–18）

主治：膝关节疼痛、股内侧肌损伤、湿疹、瘙痒、痛经、闭经。治膝部伤痛，常配合拿阴陵泉、阳陵泉。

手法：按、揉、掐。

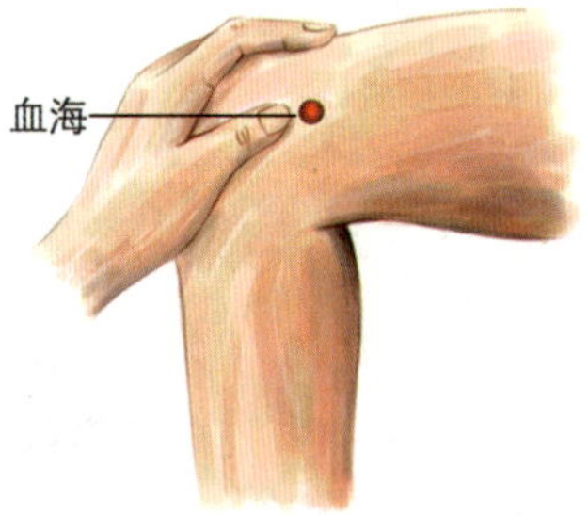

图3–18 血海

5. 手少阴心经常用腧穴

手少阴心经左右各分布有9个穴位，主要治疗心痛、心悸、心烦等心胸疾病，失眠、健忘、癫狂等神志病变和经脉循行部位的病变。下面以通里、神门、少海等常用腧穴为例说明。（图3–19）

（1）通里。

定位：尺侧腕屈肌腱的桡侧缘，腕横纹上1寸。（图3-19）

主治：腕臂痛、心悸、心痛。

手法：按、揉、掐。

（2）神门。

定位：腕横纹尺侧端，尺侧腕屈肌腱的桡侧缘。（图3-19）

主治：手腕痛、胸胁痛、掌中热、心悸、失眠、健忘、头痛、头晕。配三阴交治失眠，配心俞、肝俞、胆俞、脾俞缓解运动员赛前紧张。

手法：按、揉、掐。

（3）少海。

定位：屈肘，肘横纹尺侧端与肱骨内上髁连线的中点。（图3-19、图3-20）

主治：肱骨内上髁炎、肘内侧损伤疼痛、手臂挛缩、上肢麻痹。

手法：揉、掐、拿。

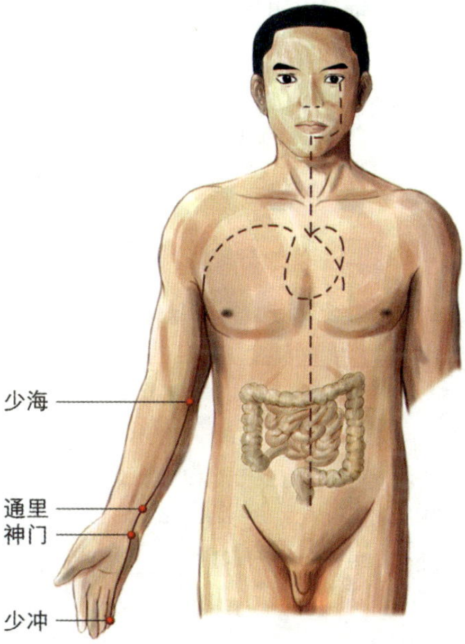

图3-19　手少阴心经及其部分常用腧穴

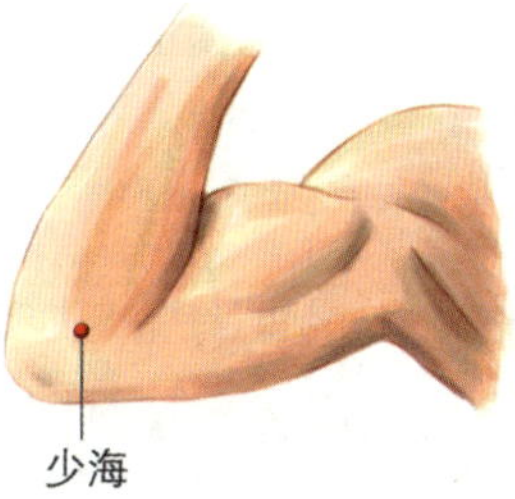

图3-20　少海

6. 手太阳小肠经常用腧穴

手太阳小肠经左右各分布有19个穴位，主要治疗头颈、五官、咽喉的病变，热病，神志病变以及经脉循行部位的病变。下面以天宗、肩贞、小海、后溪、少泽、肩外俞等常用腧穴为例说明。（图3-21、图3-22）

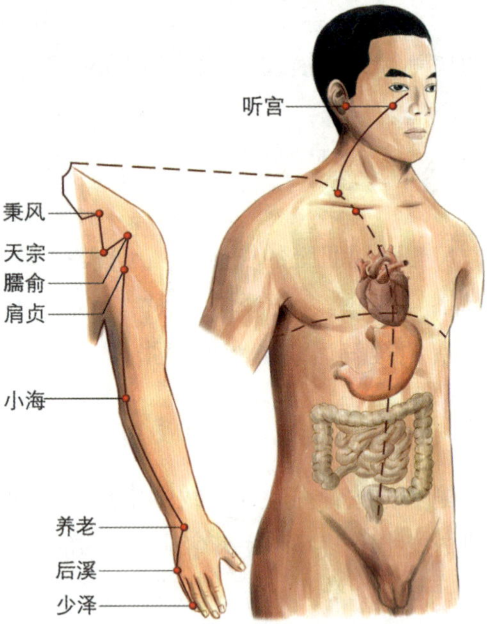

图3-21　手太阳小肠经及其部分常用腧穴

（1）天宗。

定位：肩胛骨冈下窝中央凹陷处。（图3-21）

主治：肩周炎、肩胛区痛、颈椎病、气喘。

手法：按、揉。

（2）肩贞。

定位：肩关节后下方，臂内收时，腋后纹头上1寸。（图3-21）

主治：肩周炎、手臂麻木、上肢不遂、头痛、耳聋耳鸣。

手法：按、揉、拨。

（3）小海。

定位：肘内侧，尺骨鹰嘴与肱骨内上髁之间的凹陷处。（图3-21）

主治：肱骨内上髁炎、尺神经损伤、颈肩臂痛。治肘部内侧痛常配合少海。

手法：拨、拿。

（4）后溪。

定位：握拳，第五掌指关节后尺侧，掌横纹头赤白肉际处。（图3-21）

主治：头项强痛、咽喉肿痛、手指麻木、腰背痛、急性腰扭伤、肘臂挛痛。

手法：掐。

（5）少泽。

定位：小指尺侧距指甲角0.1寸。（图3-21）

主治：头痛、咽喉肿痛、昏迷、热病、耳鸣耳聋。

手法：按、掐。

（6）肩外俞。

定位：第一胸椎棘突下旁开3寸。（图3-22）

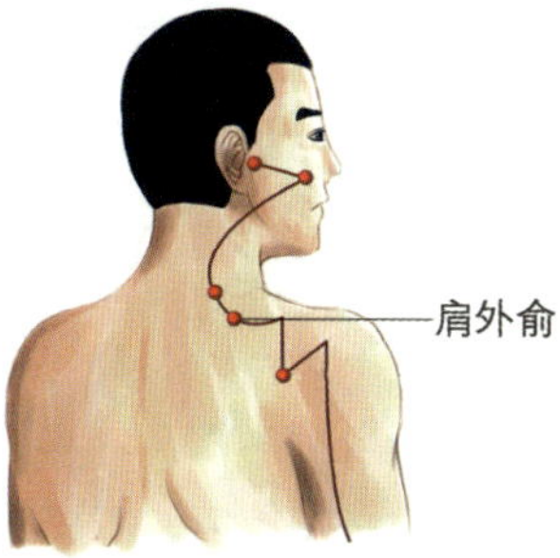

图3-22 肩外俞

主治：肩背痛、颈椎病、肩周炎、颈项僵硬、手臂麻木。

手法：按、揉、捏。

7. 足太阳膀胱经常用腧穴

足太阳膀胱经左右各分布有67个穴位，主要治疗头颈、腰背、下肢部的病变，以及脏腑、神志病变。下面以天柱、肺俞、心俞、肝俞、胆俞、脾俞、胃俞、肾俞、大肠俞、承扶、殷门、委中、承山、昆仑、攒竹、睛明等常用腧穴为例说明。（图3-23）

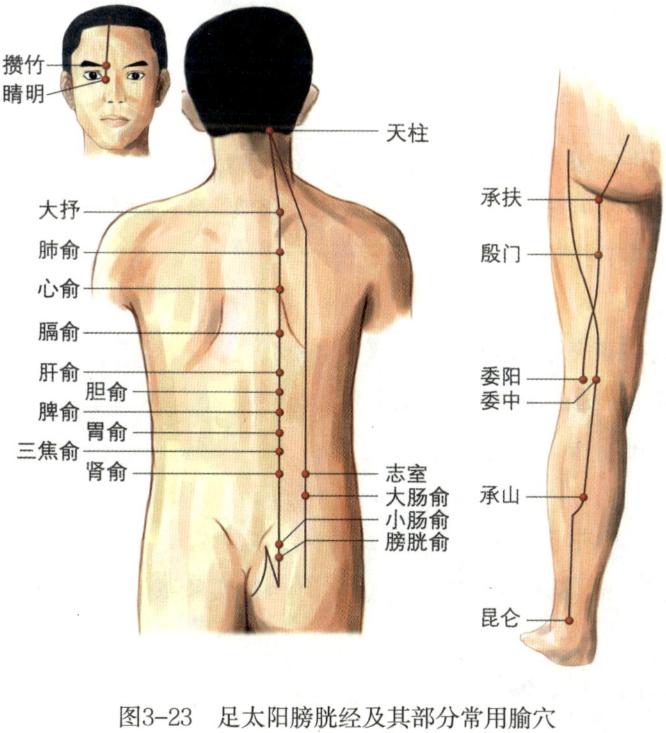

图3-23 足太阳膀胱经及其部分常用腧穴

（1）天柱。

定位：后发际正中旁开1.3寸，斜方肌外缘凹陷处。（图3-23）

主治：头痛、颈项强痛、肩背痛、鼻塞、颈椎病。

手法：按、揉、拿。

（2）肺俞。

定位：第三胸椎棘突下旁开1.5寸。（图3-23）

主治：咳嗽、咳血、气喘、盗汗、背肌劳损。

手法：按、揉、推。

（3）心俞。

定位：第五胸椎棘突下旁开1.5寸。（图3-23）

主治：心悸、心烦、失眠、健忘、癫痫。

手法：按、揉、推。

（4）肝俞。

定位：第九胸椎棘突下旁开1.5寸。（图3-23）

主治：胁肋痛、黄疸、心烦易怒、失眠多梦、贫血、赛前紧张、过度疲劳。

手法：按、揉、推、拨。

（5）胆俞。

定位：第十胸椎棘突下旁开1.5寸。（图3-23）

主治：胁肋痛、黄疸、口苦、脊背痛、潮热。

手法：按、揉、推、拨。

（6）脾俞。

定位：第十一胸椎棘突下旁开1.5寸。（图3-23）

主治：胃脘胀痛、呕吐、泄泻、水肿、失眠、贫血、过度疲劳、嗜睡。

手法：按、揉、推、拨。

（7）胃俞。

定位：第十二胸椎棘突下旁开1.5寸。（图3-23）

主治：胃脘胀痛、腹胀、呕吐、消化不良。

手法：按、揉、推、拨。

（8）肾俞。

定位：第二腰椎棘突下，旁开1.5寸。（图3-23）

主治：腰肌劳损、腰部扭伤、腰椎间盘突出症、腰膝酸痛、耳鸣、耳聋、小便不利、水肿。

手法：按、揉、推、拨、拿。

（9）大肠俞。

定位：第四腰椎棘突下，旁开1.5寸。（图3-23）

主治：腰肌劳损、腰部扭伤、腰椎间盘突出症、腹痛、腹泻、便秘。

手法：按、揉、拨、拿。

（10）承扶。

定位：大腿后侧臀横纹中点。（图3-23）

主治：坐骨神经痛、臀肌筋膜炎、坐骨结节滑囊炎、大腿后侧肌群损伤。

手法：按、拨。

（11）殷门。

定位：大腿后侧，承扶与委中穴连线上，承扶穴下6寸。（图3-23）

主治：腰腿痛、坐骨神经痛、大腿后侧肌群损伤。

手法：按、揉、拨。

（12）委中。

定位：腘横纹中点。（图3-23）

主治：腰背痛、腰椎间盘突出症、腰肌劳损、膝关节痛、半身不遂。

手法：按、掐、揉、拨。

（13）承山。

定位：蹬足时，腓肠肌两肌腹之间凹陷处的顶端。（图3-23）

主治：腰背痛、小腿三头肌损伤、便秘、痔疮。

手法：按、揉。

（14）昆仑。

定位：外踝后方，外踝与跟腱之间凹陷处。（图3-23）

主治：腰背痛、坐骨神经痛、足跟痛、踝关节扭伤、小腿肌肉损伤、头痛、目眩。

手法：按、捏、拿。治疗跟腱损伤，常配合昆仑、太溪。

（15）攒竹。

定位：眉头凹陷处。（图3-23、图3-24）

主治：头痛、失眠、流泪、目赤肿痛、近视、眼睑下垂。

手法：按、揉、推。

（16）睛明。

定位：目内眦旁0.1寸。（图3-23、图3-24）

主治：各种眼疾，如流泪、视物不清、目赤肿痛、夜盲、近视。

手法：按、揉、捏。

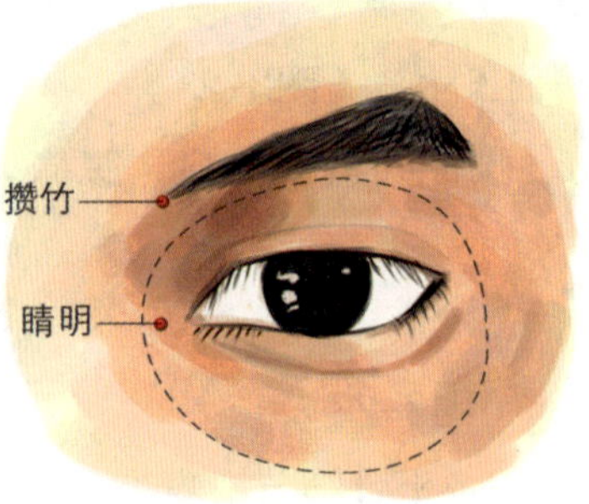

图3-24　攒竹、睛明

8. 足少阴肾经常用腧穴

足少阴肾经左右各分布有27个穴位，主要治疗痛经、月经不调等妇科病，肾虚、咳嗽、气喘、咽痛等肾、肺、咽喉病变以及经脉循行部位的病症。下面以复溜、太溪、照海、涌泉等常用腧穴为例说明。（图3-25）

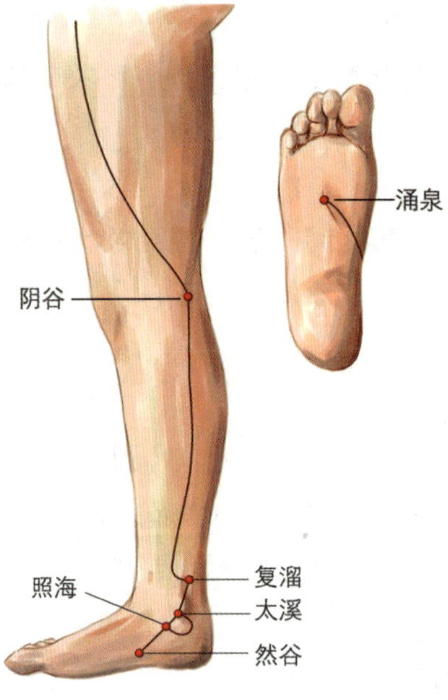

图3-25　足少阴肾经及其部分常用腧穴

（1）复溜。

定位：太溪穴直上2寸，跟腱的前方。（图3-25）

主治：胫骨痛、咽喉肿痛、盗汗、便秘、水肿、腹胀、腹泻。

手法：按、揉。

（2）太溪。

定位：内踝尖与跟腱之间的凹陷中。（图3-25）

主治：踝关节扭伤、足跟痛、腰脊痛、月经不调、闭经、下肢厥冷、小便频数、失眠、多梦、健忘、咳喘、咳血、咽喉肿痛、耳鸣、耳聋。

手法：按、捏、拿。治疗踝关节扭伤、足跟痛常配合昆仑穴。

（3）照海。

定位：内踝正下方的凹陷中。（图3-25）

主治：踝关节内侧副韧带损伤、失眠、嗜睡、月经不调、小便不利、便秘、咽喉肿痛。

手法：揉、掐。

（4）涌泉。

定位：在足底部，足趾跖屈时足前部凹陷处。（图3-25）

主治：头晕、头顶痛、失眠、抽筋、足心热。

手法：按、揉。

9. 手厥阴心包经常用腧穴（图3-26）

手厥阴心包经左右各分布有9个穴位，主要治疗心悸、胸痛、胸闷、呕吐、癫痫等心、胸、胃、神志病变以及经脉循行部位的病症。下面以曲泽、内关、大陵、劳宫等常用腧穴为例说明。

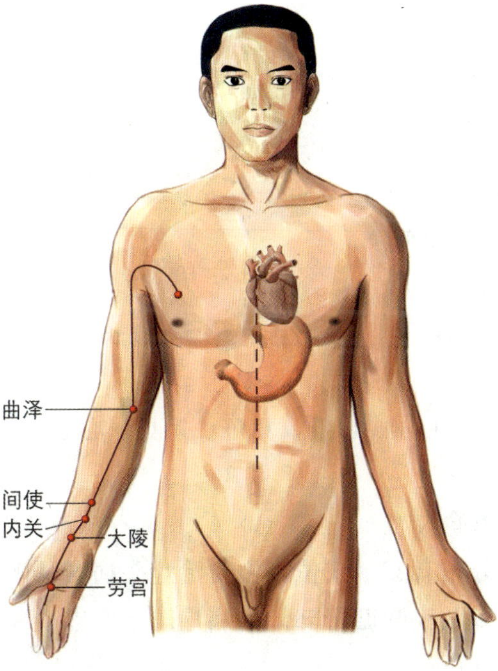

图3-26　手厥阴心包经及其部分常用腧穴

（1）曲泽。

定位：肘横纹中点，肱二头肌腱尺侧缘。（图3-26、图3-27）

主治：肘臂酸痛、颤抖、心悸、心痛、胃痛、呕吐、泄泻。

手法：按、捏、拿。

（2）内关。

定位：前臂掌侧，腕横纹上2寸，掌长肌腱与桡侧腕屈肌腱之间。（图3-26、图3-28）

主治：胸部伤痛、肘臂挛缩、心悸、心痛、胃痛、呕吐、中风、上肢麻痹、癫痫、癔症。

手法：按、揉、掐、拿。

（3）大陵。

定位：腕横纹正中，掌长肌腱与桡侧腕屈肌腱之间。（图3-26、图3-28）

主治：腕关节损伤、胸胁痛、心悸、癫痫。

（4）劳宫。

定位：手掌心，在第二、三掌骨之间，偏于第三掌骨，握拳屈指时中指指尖处。（图3-26、图3-28）

图3-27　曲泽

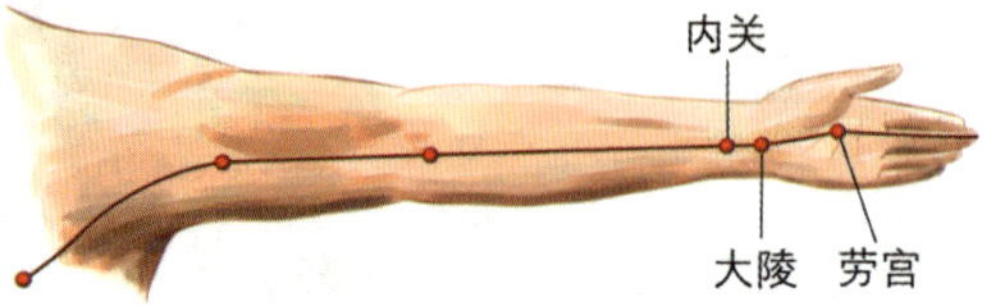

图3-28　内关、大陵、劳宫

主治：掌心热、胸胁痛、心悸、癫痫、口疮、口臭、心烦。

手法：按、掐、揉。

10. 手少阳三焦经常用腧穴

手少阳三焦经左右各分布有23个穴位，主要治疗头痛、耳鸣、耳聋、咽喉痛、目赤等头、耳、咽喉病变，热病以及经脉循行部位的病症。下面以肩髎、外关、阳池、中渚等常用腧穴为例说明。（图3-29）

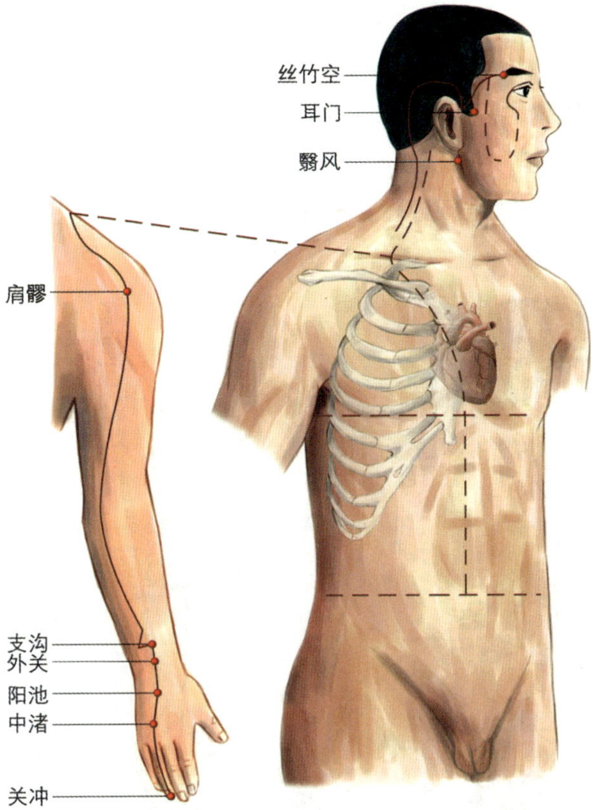

图3-29　手少阳三焦经及其部分常用腧穴

（1）肩髎。

定位：上臂外展平举，肩峰外后下方凹陷中。（图3-29）

主治：肩臂痛、肩袖损伤、上肢偏瘫。

手法：按、揉。

（2）外关。

定位：阳池与肘尖的连线上，桡骨与尺骨之间，腕背横纹上2寸。（图3-29）

主治：手臂肌肉酸痛、头痛、耳鸣、耳聋、热病。

手法：按、揉、掐、拿。治疗手臂伤痛，常配合内关穴。

（3）阳池。

定位：腕背横纹中，指总伸肌腱尺侧缘凹陷中。（图3-29）

主治：肩、臂、腕痛、目赤肿痛、耳鸣耳聋、偏头痛。

手法：按、揉。

（4）中渚。

定位：握拳，第四、五掌骨小头后缘之间的凹陷处。（图3-29）

主治：肩部、肘臂疼痛、无名指麻木、手指不能屈伸、偏头痛、目赤、耳鸣、耳聋、咽喉肿痛。

手法：按、揉。

11. 足少阳胆经常用腧穴

足少阳胆经左右各分布有44个穴位，主要治疗偏头痛、耳鸣、耳聋、目赤、口苦等头面、五官、神志病变，以及经脉循行部位的病症。下面以风池、肩井、风市、阳陵泉、丘墟、环跳等常用腧穴为例说明。（图3-30）

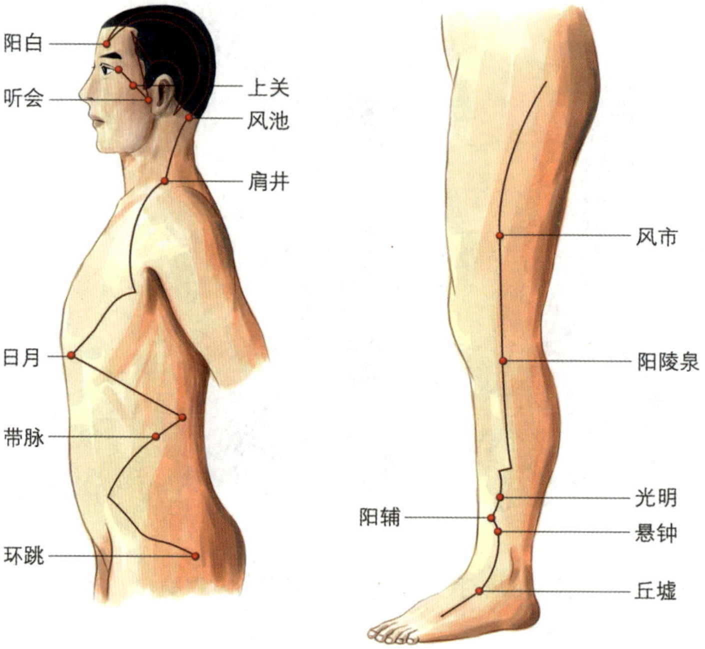

图3-30　足少阳胆经及其部分常用腧穴

（1）风池。

定位：后发际正中直上1寸，胸锁乳突肌与斜方肌上端之间的凹陷处。（图3-30）

主治：感冒、头痛、眩晕、颈项强痛、肩背痛、中风。

手法：按、揉、拿。两侧风池穴常同时运用。

（2）肩井。

定位：大椎穴与肩峰连线的中点。（图3-30）

主治：颈项强痛、肩背疼痛、手臂疼痛不能上举、中风、胸闷、难产。

手法：按、揉、捏、拨。

（3）风市。

定位：大腿外侧部的中线上，膝上7寸，或直立垂手时中指尖处。（图3-30）

主治：腰腿酸痛、下肢麻痹或萎缩、全身瘙痒。

手法：按、揉、拨。

（4）阳陵泉。

定位：仰卧或侧卧。小腿外侧，腓骨小头前下方凹陷处。（图3-30）

主治：半身不遂、下肢瘫痪或麻木、胁肋痛、膝关节伤痛。

手法：按、揉、拨。

（5）丘墟。

定位：足外踝前下方凹陷中。（图3-30）

主治：踝关节扭伤、下肢瘫痪或麻木、胁肋痛。

手法：掐、按。

（6）环跳。

定位：股外侧，侧卧屈髋取穴。股骨大转子最高点与骶管裂孔连线上外侧1/3处。（图3-30、图3-31）

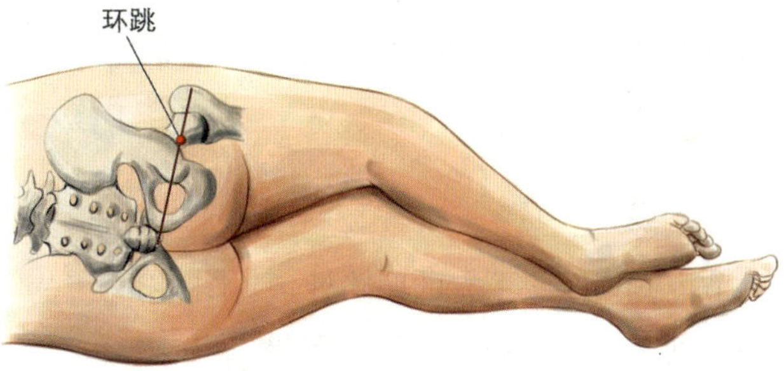

图3-31　环跳

主治：腰椎间盘突出症、坐骨神经痛、臀肌筋膜炎、下肢瘫痪。

手法：按、揉、拨。

12. 足厥阴肝经常用腧穴

足厥阴肝经左右各分布有14个穴位，主要治疗月经不调、带下、遗精、遗尿等泌尿、生殖系统疾病，胁肋胀痛，黄疸等肝病以及经脉循行部位的病症。下面以章门、曲泉、太冲等常用腧穴为例说明。（图3-32）

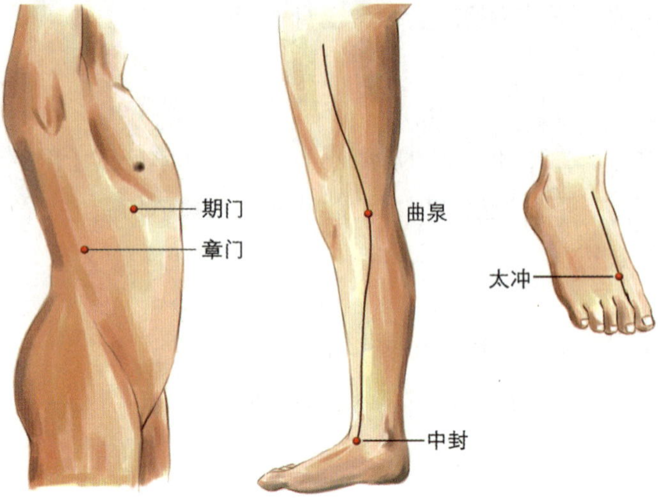

图3-32 足厥阴肝经及其部分常用腧穴

（1）章门。

定位：第11肋游离端的下方。（图3-32）

主治：腹胀、腹泻、胸闷。

手法：按、揉、摩。

（2）曲泉。

定位：屈膝，膝关节内侧横纹头上方的凹陷处。（图3-32）

主治：膝痛、小便不利、遗精、痛经、月经不调。

手法：按、揉、拨。

（3）太冲。

定位：足背，第一、第二跖骨结合部之前的凹陷中。（图3-32）

主治：下肢无力麻痹、头痛、眩晕、胁肋痛、遗尿、疝气、月经不调等。

手法：按、揉、掐。

13. 任脉常用腧穴

任脉上有24个穴位，主要治疗五脏六腑病症以及头面、颈、胸、腹等局部病症。下面以膻中、神阙、气海、关元等常用腧穴为例说明。（图3-33）

（1）膻中。

定位：前正中线，平第四肋间隙，两乳头连线中点。（图3-33）

主治：咳嗽气喘、胸闷、心悸烦躁、高血压、失眠。

手法：摩、按、揉、推。

（2）神阙。

定位：脐中央。（图3-33）

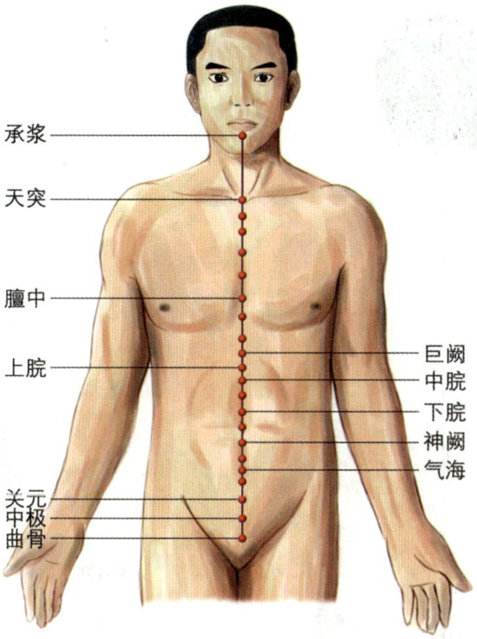

图3-33　任脉及其部分常用腧穴

主治：腹痛、泄泻不止、脱肛、月经不调、不孕。

手法：摩、按、揉。

（3）气海。

定位：下腹部前正中线上，脐下1.5寸。（图3-33）

主治：腹痛、腹泻、便秘、遗尿、遗精、阳痿、月经不调。

手法：摩、按、揉。

（4）关元。

定位：下腹部前正中线上，脐下3寸。（图3-33）

主治：遗尿、小便频数、遗精、阳痿、月经不调、不孕。

手法：摩、按、揉。

14. 督脉常用腧穴

督脉上有28个穴位，主要治疗五脏六腑病症，神志病，热病，腰骶、背、头颈部病症，部分穴位有强壮作用。下面以风府、大椎、命门、腰阳关、百会、人中（水沟）等常用腧穴为例说明。（图3-34）

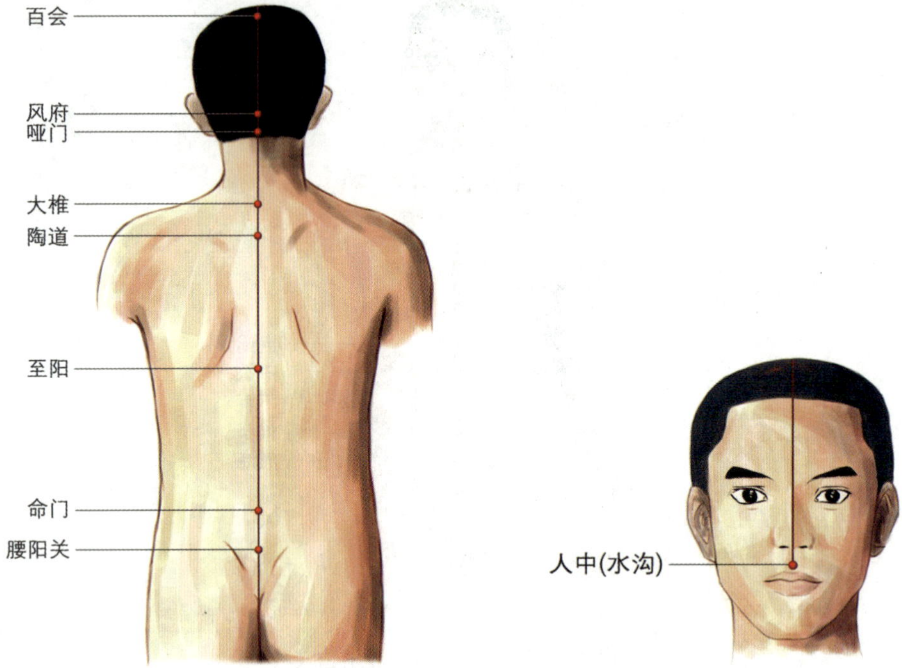

图3–34　督脉及其部分常用腧穴

（1）风府。

定位：后发际正中直上1寸，枕外隆凸直下，两侧斜方肌之间的凹陷中。（图3–34）

主治：头痛、中风不语、咽喉肿痛。

手法：按、揉。

（2）大椎。

定位：后正中线上，第七颈椎棘突下。（图3–34）

主治：头痛、肩背痛、颈椎间盘突出症、癫痫、咳喘、风疹。

手法：推、按、揉、擦。

（3）命门。

定位：腰部后正中线上，第二腰椎棘突下。（图3–34）

主治：腰脊疼痛、腰椎管狭窄症、月经不调、遗精、阳痿、早泄、贫血。

手法：推、按、揉、擦。

（4）腰阳关。

定位：腰部后正中线上，第四腰椎棘突下。（图3–34）

主治：腰骶部疼痛、腰椎间盘突出症、下肢麻痹、月经不调、遗精、阳痿。

手法：推、按、揉、擦。

（5）百会。

定位：前发际正中直上5寸，或两耳尖直上连线的中点。（图3–34、图3–35）

主治：头痛、眩晕、中风不语、失眠、健忘、泄泻。

手法：摩、按、揉、点。

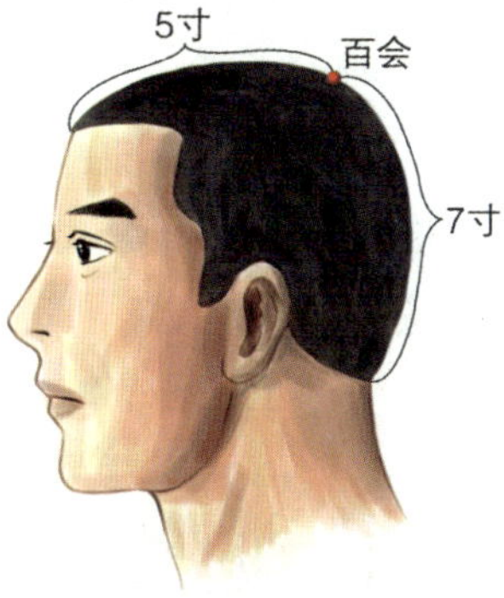

图3-35　百会取穴法

（6）人中（水沟）。

定位：人中沟的上1/3与中1/3交点处。（图3-34）

主治：昏迷、晕厥、高热抽搐、中暑、小儿惊风、面瘫、癫痫、腰脊疼痛。

手法：掐、按。常为急救用穴。

15. 经外奇穴（十四经络以外有奇效的穴位）

（1）印堂。

定位：两眉头连线的中点。（图3-36）

主治：头晕头痛、神经衰弱、鼻衄、小儿惊风、失眠。

手法：按、推、捏。

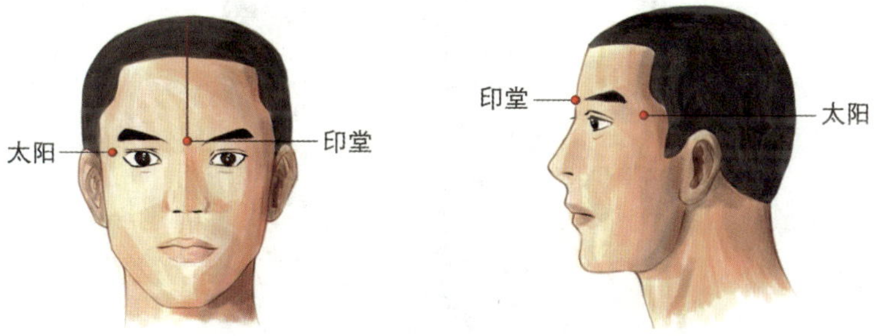

图3-36　印堂、太阳

（2）太阳。

定位：眉梢与目外眦连线中点向后约1寸的凹陷处。（图3-36）

主治：偏头痛、面瘫、目赤肿痛、牙痛。

手法：按、揉。

（3）肩内陵（肩前）。

定位：腋前皱襞上1.5寸。

主治：肩周炎、肱二头肌长头腱鞘炎、上肢瘫痪。

手法：按、揉、拨。

（4）夹脊。

定位：从第1颈椎至第4骶椎，各椎棘突下旁开0.5寸。（图3–37）

主治：脊椎疼痛、腰背劳损、相应脏腑病症。

手法：推、擦、按、揉、拨。

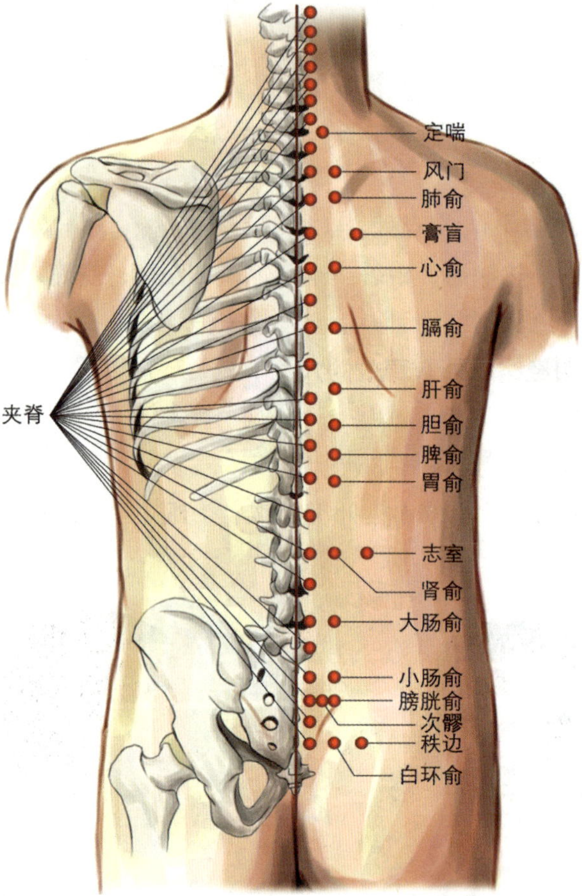

图3–37　夹脊

（5）腰眼。

定位：第4腰椎棘突下旁开3～4寸凹陷中。（图3–38）

主治：腰肌劳损、腰痛、月经不调、尿频、消渴。

手法：按、揉、拨。

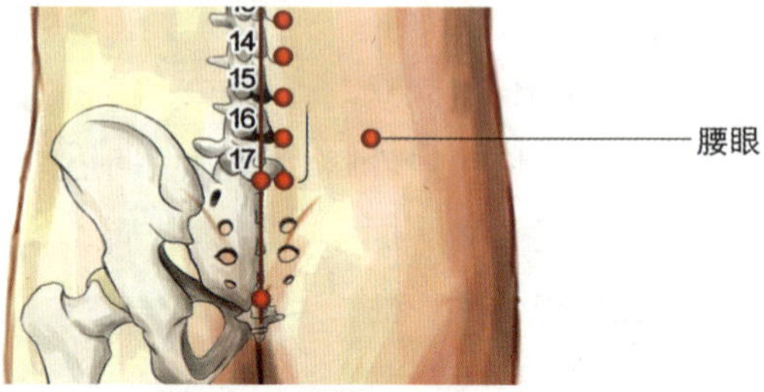

图3–38　腰眼

（6）膝眼。

定位：膝前部，髌尖两侧凹陷中，分别称为内、外膝眼。（图3-39）

主治：膝关节滑膜炎、膝关节半月板损伤、膝关节风湿性疼痛。

手法：按、揉、掐。

（7）胆囊。

定位：阳陵泉穴下约2寸处。（图3-39）

主治：急慢性胆囊炎、胆石症、下肢麻痹。

手法：掐、按、揉。

（8）阑尾。

定位：足三里穴下约2寸处。（图3-39）

主治：急慢性阑尾炎、消化不良、下肢瘫痪。

手法：按、揉、掐。

（9）落枕。

定位：手背第二、三掌骨间，指掌关节后0.5寸凹陷处。（图3-40）

主治：落枕、手指麻木、偏头痛、肩背痛、咽喉痛。

手法：掐、按。

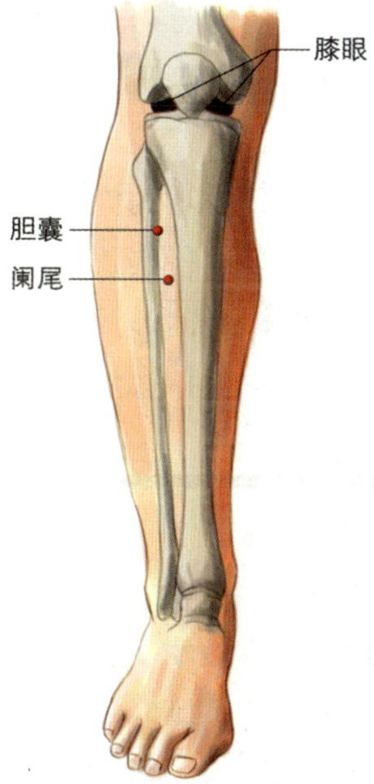

图3-39　膝眼、胆囊、阑尾

（三）经穴按摩的注意事项

无论是治病还是保健，进行穴位按摩均应注意以下事项，以保证按摩的安全性和有效性。

（1）室内保持安静、避风、避强光。

（2）对于长时间服用激素和极度疲劳者，均不宜进行穴位按摩。

（3）按摩者的手、指甲要保持清洁。有皮肤病者既不能给他人按摩，也不能让他人为自己按摩。

（4）饭后、酒后、洗澡后、大运动量运动后，不宜立即进行按摩。

（5）老人的骨骼较脆、关节僵硬，儿童皮肤薄，在按摩时不宜用力过大。

本章小结

经穴按摩不但能防病治病，更能在无病时强体健身。长期实践证明：经穴按摩的最大优点是安全有效，无创伤，无任何副作用，完全符合当今医学界推崇的“无创性医疗”和“自然疗法”的要求。同时，经穴按摩是一种简便易学的医疗保健方法，不受时间、地点、环境、条件的限制，不需任何设备，不用任何药物，可谓省钱、省时又实用。

有人认为经穴按摩只需要力气就行，甚至认为力气越大越好，动作生硬粗暴，其实，这种看法是非常危险和错误的。

经穴按摩是一种很讲究技巧的技术，技巧的优劣直接影响到按摩效果，因此，必须重视经穴理论知识的学习，并在此基础上多进行实践，反复练习，掌握技巧，最终熟练运用经穴按摩来防病治病，缓解疲劳，使机体机能状态保持在良好水平上。

复习题

（1）什么是经络？简述其主要功能。

（2）人体的穴位分几种？常用的经穴按摩手法是什么？

（3）如何进行取穴？简述选穴的基本原则。

（4）简述十四经络的内容。

（5）试述少商、合谷、肩髃、髀关、梁丘、足三里、阴陵泉、神门、后溪、肩外俞、委中、肩井、太冲、人中、腰眼、膝眼等穴位的定位及主治内容。

第四章　运动按摩教学

内容提要和学习指导

本章重点介绍了运动前按摩的作用及不同状态下按摩手法的作用和具体操作步骤，运动后按摩的作用、适用情况，不同部位所采取的按摩手法，自我按摩的作用及不同部位所采取的手法；简单介绍了运动中按摩的作用及按摩手法。学习时，应明确按摩在运动前、中、后各个环节的效果及具体的操作方法。学生若想要真正掌握运动按摩的精髓，还需进行反复的互相按摩和自我按摩实践。

学习目标

重点掌握运动前不同状态的按摩手法、运动后不同部位的按摩手法、自我按摩的按摩手法。

熟悉运动中按摩手法。

了解运动前按摩、运动中按摩、运动后按摩和自我按摩的作用及适用情况。

知识点导图

- 运动按摩
  - 运动前按摩
    - 课堂教学
      - 概述
      - 不同状态的按摩手法
        - 赛前紧张状态的按摩手法
        - 赛前精神不振的按摩手法
        - 克服赛前失眠的按摩手法
    - 课后自学
      - 不同状态的按摩手法
        - 赛前皮肤发凉的按摩手法
        - 赛前局部肌肉、关节无力的按摩手法
        - 伤者参加训练或比赛的运动前按摩手法
  - 运动中按摩
    - 课后自学
      - 概述
      - 按摩手法
  - 运动后按摩
    - 课堂教学
      - 概述
      - 不同部位的按摩手法
        - 上肢按摩
        - 腰背部按摩
        - 下肢按摩
    - 课后自学
      - 不同部位的按摩手法
        - 胸部按摩
        - 臀部按摩
        - 全身按摩
  - 自我按摩
    - 课后自学
      - 概述
      - 不同部位的按摩手法
        - 下肢按摩
        - 上肢按摩
        - 躯干按摩
        - 全身按摩的顺序

第一节 运动前按摩

课堂教学

（一）概述

运动前按摩也称作比赛前按摩。一般在运动或比赛前15～30分钟内完成，目的是使运动员以良好的竞技状态投入到训练或比赛中。因为适宜的运动前按摩可以增强肌肉力量和弹性，提高关节灵活性和韧带的柔韧性，从而达到提高运动能力、预防伤病的目的。若运动前将按摩与准备活动相结合，既可以减少准备活动的能量消耗，又可以迅速达到“活动开”的目的。

（二）不同状态的按摩手法

针对运动或比赛前运动员状况的不同，分别采取相应的按摩手法进行按摩。

1. 赛前紧张状态的按摩手法

运动员初次参加比赛或参加国际、国内重大比赛前，常出现兴奋、紧张、坐立不安、心跳加速、多尿、身体微微颤抖、动作协调性和控制力下降等征象。此时，适宜采用轻缓柔和、接触面积大、时间稍长的局部按摩来缓解这些症状。操作时，手法要轻快、柔和，既达到镇静目的，又不致产生过度抑制。

首先通过谈话进行心理调节，使其平静下来，同时进行头部按摩，以达到镇静和调节心态的目的。具体操作步骤如下。

（1）被按摩者取坐位，按摩者面对其站立。用一只手扶住被按摩者头的侧后部，另一只手拇指指腹揉印堂穴3～4次；双手拇指指腹交错擦摩前额3～4次，接着双手拇指分别推至太阳穴揉3～4次后，再推摩至耳后，同时双手五指并拢向下推至颈部两侧。如此反复3～4次。

（2）按摩者用一只手扶于被按摩者头后部，另一只手五指分开，用指腹从前额贴紧皮肤向头后部推摩。如此反复3～4次。

（3）按摩者用一只手拇指指腹沿头正中线从前额部向头后按压，经上星、百会、曲池等穴位时，稍用力点、揉。如此反复3～4次。

除头部按摩外，还可根据运动员专项特点，对其负担量最大的关节、肌肉进行一些轻推摩、轻揉、轻揉捏，使之充分“活动开”。

2. 赛前精神不振的按摩手法

有的运动员在临赛前，由于心理准备不足、兴奋性不高、对比赛缺乏信心，或因其他原因，出现情绪低落、表情淡漠、对比赛的态度消极、拼劲不足等征象。这些征象都使其运动员的运动能力下降，影响其竞技能力的发挥。遇到这种情况时，先要查明原因，消除运动员的思想顾虑；同时，在运动员做完一般准备活动之后进行按摩，以提高运动员的兴奋性。

被按摩者取坐位，按摩者站于其身后或体侧，先用拇指指端点揉风池、太阳、内关等穴位，接着从内向外重揉或重推第4至第7颈椎的斜方肌的外缘，也可使双手拇指和其余四指呈钳形，提拿斜方肌的外侧缘数次，使酸胀反应直达头、眼，按摩总时间2～3分钟即可。按摩后再做专项准备活动。

3. 克服赛前失眠的按摩手法

克服赛前失眠的按摩手法

有些比赛经验不足的运动员，特别是初次参赛的运动员，在赛前几天会出现心神不安、失眠、食欲不振、脉搏增加、血压上升等征象。即使训练有素的运动员，在重大比赛的前夕，有时也会因情绪激动、精神紧张而失眠。如不采取切实有效的治疗措施，必将影响运动员的运动成绩和竞技水平的发挥。遇到此种情况，要找运动员谈心，做好运动员的思想工作，使其正确地对待胜负。在此基础上，再施以催眠按摩手法，使运动员得到充分的休息，为比赛做好体力准备。

（1）让运动员仰卧在床上，在环境安静、光线柔和的房间休息。叮嘱其全身放松，呼吸不要用力，闭目凝神。

（2）按摩者动作要缓慢柔和。先用两手拇指指腹交错按摩印堂穴10～20次。（图4–1）

（3）用双手拇指指腹按摩前额10～20次。（图4–2）

（4）用双手拇指指腹搓揉眼眶周围10～20次。（图4–3）

（5）用双手中指点揉太阳穴10～20次。（图4–4）

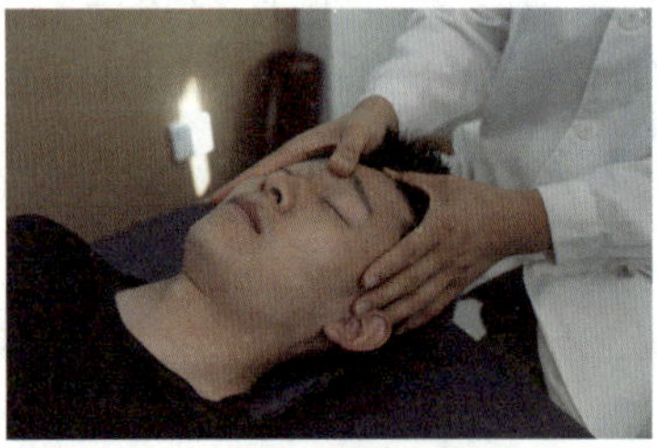

图4–1　按摩印堂穴

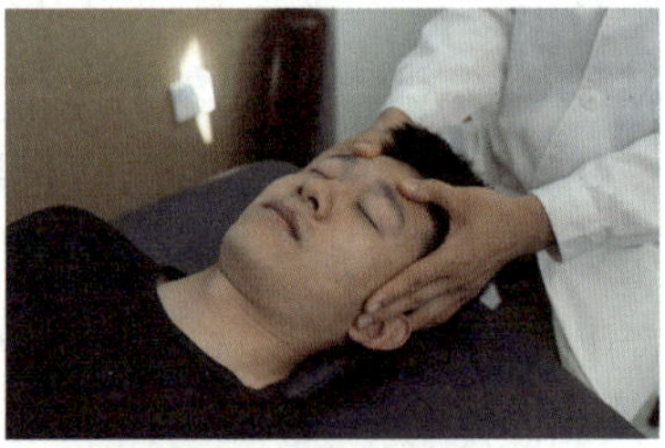

图4–2　按摩前额

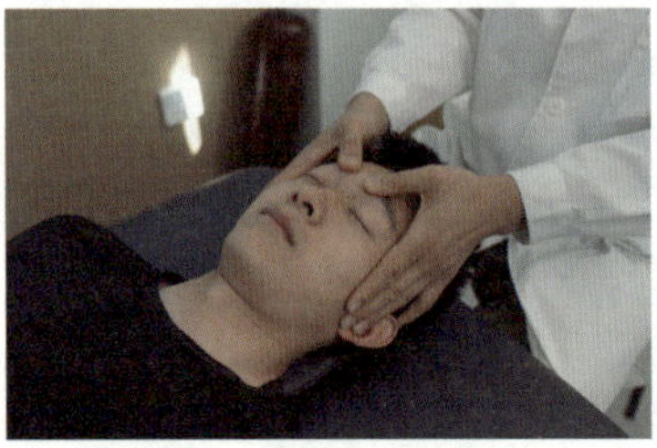

图4–3　搓揉眼眶周围

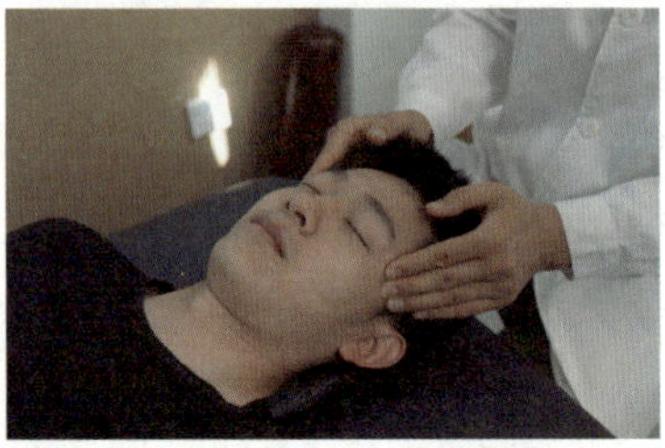

图4–4　点揉太阳穴

（6）用双手拇指指腹搓揉头顶10～20次。（图4-5）

（7）用双手中指搓眼眶上缘10～20次。（图4-6）

（8）双手四指尖点压眼眶上缘1～2分钟。（图4-7）

（9）点揉上星穴、百会穴、风池穴各5～10次。

（10）用一只手的食指和中指点压眉内侧的攒竹穴5～10分钟。（图4-8）

（11）如果经过上述按摩，运动员仍不能入睡，可点压中脘、天枢、气海、关元、内关、神门等穴位。

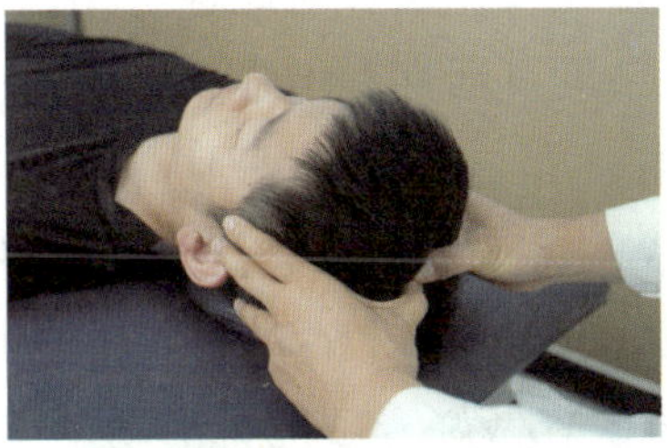
图4-5　搓揉头顶

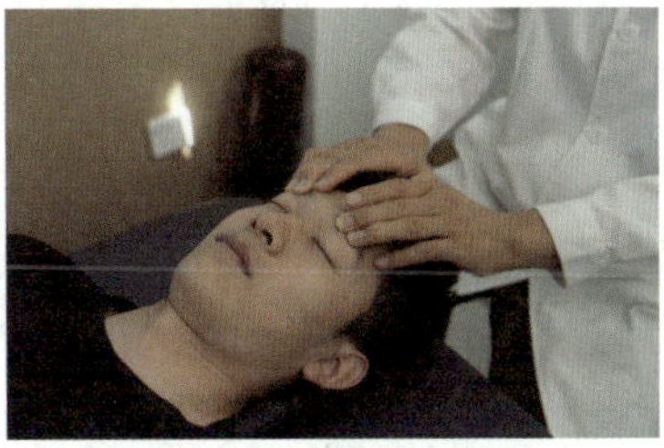
图4-6　搓眼眶上缘

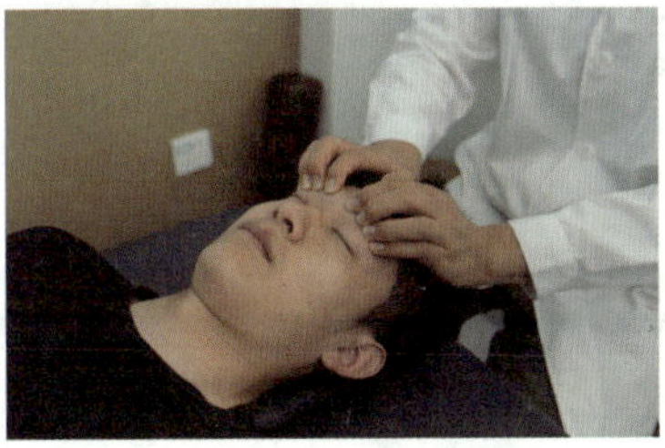
图4-7　点压眼眶上缘

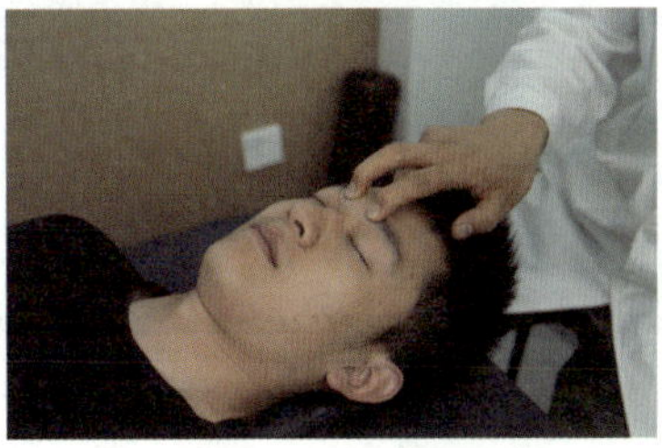
图4-8　点压攒竹穴

课后自学

不同状态的按摩手法

1. 赛前皮肤发凉的按摩手法

在冬季参加训练或比赛时，因气候寒冷，运动员常感到皮肤发凉，关节、肌肉僵硬。这不仅会影响运动员竞技能力的发挥，还易造成运动损伤。针对此种情况，在临赛前可用较重而快速的推摩和擦摩，以促进局部血液循环，提高皮肤的温度，增加温热感觉，使关节、韧带、肌肉的功能增强。

2. 赛前局部肌肉、关节无力的按摩手法

有的运动员在临赛前出现关节、肌肉软弱无力的征象，可用按摩进行调节。一般在准备活动之后，采用手法较重、频率较快、时间短、接触面小的局部按摩。

在发软无力关节、肌肉部位，先重推摩和擦摩3～4次，接着在局部用重揉捏手法快速做1分钟左右，最后用频率快的搓、切击、拍击手法使之产生兴奋，按摩结束后做好专项准备活动。

3. 伤者参加训练或比赛的运动前按摩手法

有些运动员由于长期高强度的训练和比赛，往往患有不同程度的陈旧性损伤或慢性劳损，如损伤性腱鞘炎、跟腱腱围炎、髌尖末端病、肩袖损伤、肱骨内（外）上髁炎、腰背筋膜炎、腰肌劳损、踝关节韧带扭伤等。有此类损伤的运动员，其损伤局部关节的灵活性、柔韧性和力量就会下降；肌肉的弹性和力量比较差。针对此种情况，在运动前对运动员进行按摩可改善损伤部位血液循环，提高关节的灵活性和增强肌肉的力量，避免损伤部位的重复受伤。

先在损伤部位周围进行一般的运动前按摩，对于慢性损伤，局部可用推摩和擦摩手法；对损伤部位周围肌肉丰厚的部位可做揉和揉捏；在腱鞘和韧带部位可用理筋手法；关节部位可用适当的运拉手法。按摩后，还要认真做好专项准备活动。

第二节　运动中按摩

课后自学

（一）概述

运动中按摩即运动训练或比赛间歇中的按摩。有些项目如投掷、跳跃、篮球、排球和足球等在训练或比赛的间隙中，可采取适当的按摩，以达到迅速消除疲劳、恢复体力、提高机体的兴奋性和运动能力的目的。

（二）按摩手法

应根据运动项目特点和运动间隙时间的长短采取适宜的按摩手法，一般采用短暂、快速的兴奋手法，对负荷量大的肌肉、关节进行按摩。先用轻缓的手法按摩疲劳的肌肉，再用较重而快的手法按摩将要承受较大负荷量的部位，以消除肌肉的疲劳和紧张，提高其兴奋性。按摩时间不应超过3分钟，按摩后可做专项准备活动。

第三节　运动后按摩

课堂教学

（一）概述

运动后按摩也称作恢复按摩，能帮助运动员消除疲劳，是恢复体力的重要手段之一。运动员经过紧张激烈的运动训练或比赛后，表现出精神紧张、失眠或嗜睡、肌肉紧张、食欲不振、乏力等疲劳状态。通过按摩，可加速疲劳的消除，恢复运动员的机能。

运动后按摩的时间长短，可根据其负荷量大小和疲劳程度来确定。

对于运动量不大、仅表现出轻度疲劳的运动员，可在训练的结束部分或训练后进行按摩。一般让运动员相互按摩或自我按摩。

对于运动量较大、表现出中度疲劳的运动员，可在洗浴后或晚上睡觉前进行按摩。

对于紧张激烈的大运动量训练或比赛，运动员十分疲劳时，让运动员休息2～3小时后再进行按摩。

不同的运动项目，身体各部位的负荷量和疲劳程度也不同，都需要根据不同的项目情况进行运动后的局部按摩。

（二）不同部位按摩手法

1. 上肢按摩

上肢按摩的重点是肱二头肌、肱三头肌、三角肌和前臂肌群。这些部位是体操、举重、排球、投掷、游泳等项目运动员容易疲劳的部位。常用手法有揉捏、推摩、搓、运拉、抖动等。同时可用点、拿的手法刺激内关、外关、曲池、尺泽、肩髃、肩井、天宗等穴位。整个操作过程为10～15分钟。

2. 腰背部按摩

腰背部按摩的重点是背阔肌、斜方肌及骶棘肌。这是体操、跳水、排球、举重、篮球等项目运动员容易疲劳的部位。运动员采用俯卧位，主要手法是推摩、擦摩、揉、按压、弹筋、叩打等。同时可用点、揉的手法刺激腰俞、肾俞、腰眼、天宗、肩井等穴位。整个操作过程为15～20分钟。

3. 下肢按摩

下肢是绝大多数项目运动员容易发生疲劳的部位。按摩的主要手法有推摩、擦摩、揉、揉捏、搓、叩打、抖动等，一般由下而上进行。同时用点、揉、掐、拿等手法酌情刺激承扶、风市、梁丘、犊鼻、委中、血海、承山、昆仑、悬钟等穴位。整个操作过程为10～20分钟。

课后自学

不同部位的按摩手法

1. 胸部按摩

胸大肌、胸小肌和前锯肌是排球、投掷和体操等项目运动员容易疲劳的部位。按摩时，让被按摩者取坐位或仰卧位，常用手法有揉、揉捏、推摩、弹筋等。操作时一般从胸骨部向腋下缓慢移动。整个操作过程为5～10分钟。

2. 臀部按摩

臀部是自行车、田径、举重、篮球、竞走、足球等项目运动员最易疲劳的部位。按摩时，叮嘱被按摩者俯卧，一般从腹股沟外侧端开始，沿髂后上棘至骶部、臀部进行推摩、揉、叩打等，用力大小因人而异。同时用点、揉的手法刺激环跳等穴位，整个操作过程约为10分钟。

3. 全身按摩

对极度疲乏的运动员，可进行全身按摩，通常是一周一次，在训练或比赛后休息1～2小时或更长时间后进行。最好在温水浴后，运动员躺在安静、舒适、温暖的房间里，暴露被按摩的部位，依照胸、腹、上肢、腰背和下肢的次序，顺着血液和淋巴液回流的方向进行按摩。根据不同部位，常采用推摩、擦摩、揉、揉捏、叩打、运拉、抖动等手法，可同时刺激相关部位的穴位。如在按摩过程中运动员睡着，应停止按摩，给他盖上被子，轻轻离开房间。

自我按摩

第四节　自我按摩

课后自学

（一）概述

自我按摩，即按摩者用单手或双手对自身相应部位进行一定手法的按摩，以达强身健体、防治伤病和消除疲劳的目的。

与其他按摩方法一样，可以用于运动训练和比赛的各个环节。既可以与准备活动相结合，又可以作为训练和比赛后的恢复手段。只要坚持运用，就能获得良好效果。

（二）不同部位的按摩手法

1. 下肢按摩

（1）足部按摩。（图4-9）

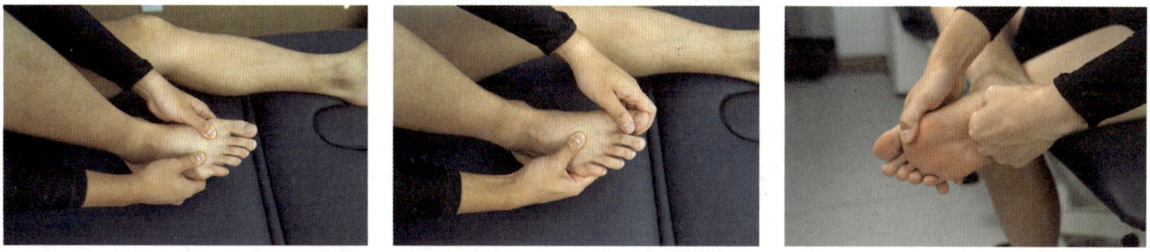

图4-9　足部按摩

①体位：取坐位，按摩足背时，一条腿伸直，被按摩腿弯曲，足跟支撑于床面。按摩足趾、足底时，外踝可靠于另一条大腿上。

②手法：推摩、擦摩、运拉。

③操作步骤：首先在足背、足底和踝部做推摩，力量由轻而重；其次做擦摩；最后做足趾和踝关节运拉结束。

（2）小腿按摩。（图4-10）

①体位：取坐位，被按摩下肢屈膝屈髋，另一侧大腿微外旋。

②手法：推摩、揉捏、搓、叩打、点法。

③操作步骤：首先在小腿进行大面积的推摩后，用揉捏手法；其次用搓的手法；最后叩打小腿三头肌、胫骨前肌等部位。用中指或食指点按承山、昆仑、足三里、阳陵泉等穴位后结束。

（3）膝关节按摩。（图4-11）

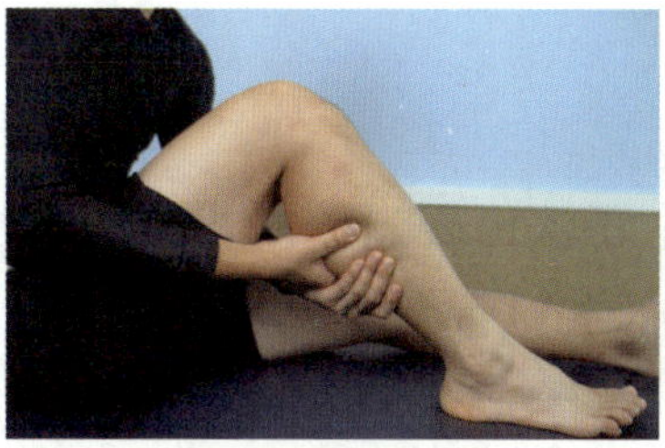

图4-10 小腿按摩

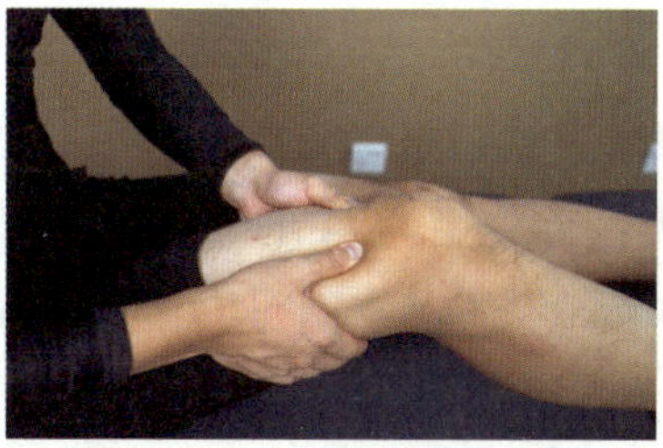

图4-11 膝关节按摩

①体位：取坐位，一条腿屈于床沿，被按摩腿伸直于床面。

②手法：推摩、擦摩、揉、搓、刮、点法。

③操作步骤：开始在膝关节前部做推摩、擦摩后，再用揉和搓的手法。如有髌骨劳损

者，可在髌骨下缘用刮的手法，最后点压犊鼻、膝眼等穴位。

（4）大腿按摩。（图4-12）

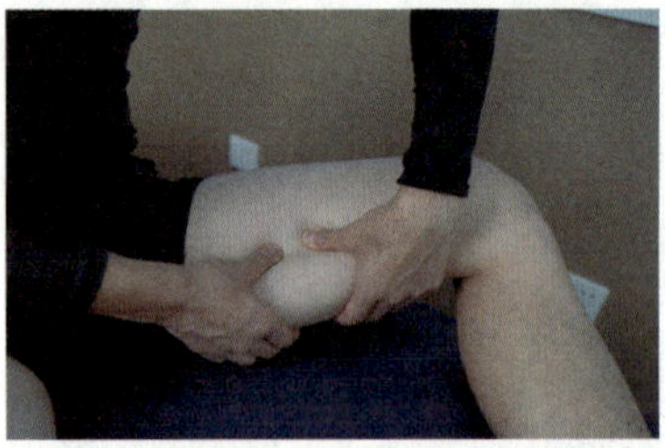

图4-12　大腿按摩

①体位：其体位同膝关节按摩。按摩内、后群肌肉时微屈膝，大腿同时微外旋。

②手法：推摩、揉捏、搓、叩打、抖动、掐法。

③操作步骤：首先做广泛性的推摩；其次用揉捏手法，重点在股四头肌和股内收肌，反复操作数次后，用搓的手法；最后做叩打和抖动各数次，掐按血海、梁丘、风市等穴位结束。

（5）臀部按摩。（图4-13）

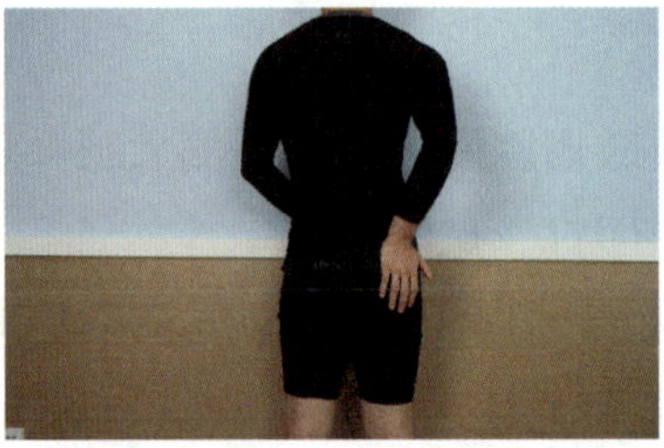

图4-13　臀部按摩

①体位：取站立位，被按摩的一侧微屈膝，躯干略前倾，将身体重量支撑于另一侧下肢，用同一侧手进行按摩。

②手法：擦摩、揉、叩打、点法。

③操作步骤：首先用全掌在臀部做擦摩，手法由轻到重；其次四指指腹或全掌做揉法，上下往返各数次；再次用半握拳的手背侧，扣打臀大肌数次；最后用中指和食指指端点按环跳等穴位。

2. 上肢按摩

（1）手及前臂的按摩。（图4-14）

①体位：取坐位，被按摩的前臂支撑于同侧大腿上。

②手法：推摩、擦摩、揉捏、运拉、点法、掐法。

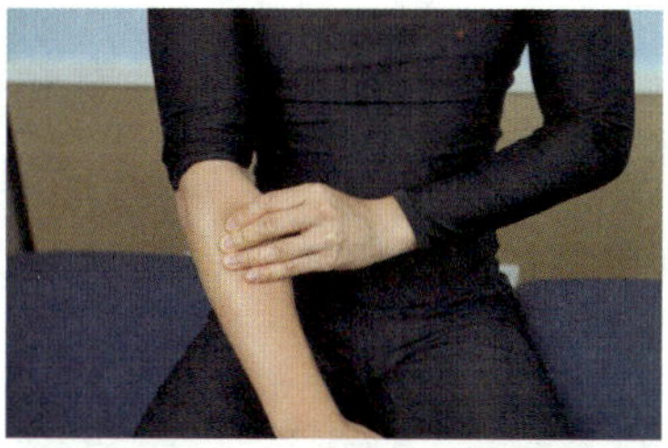

图4-14　手及前臂的按摩

③操作步骤：首先做手、腕及前臂的推摩、擦摩；其次用拇指和其余四指做揉捏，上下往返数次；最后运拉手指及腕关节，掐合谷、列缺、内关、外关、手三里等穴位。

（2）上臂按摩。（图4-15）

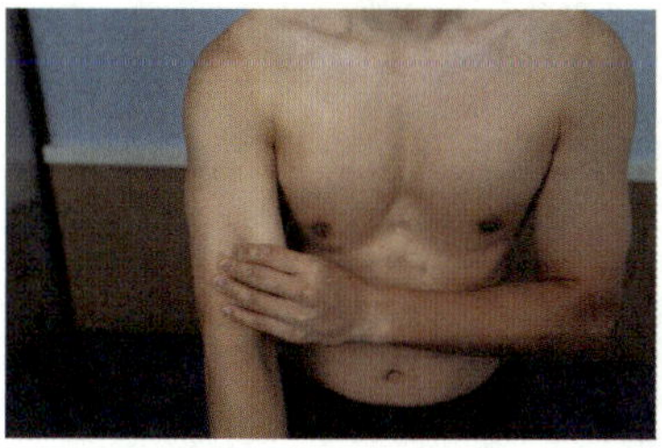

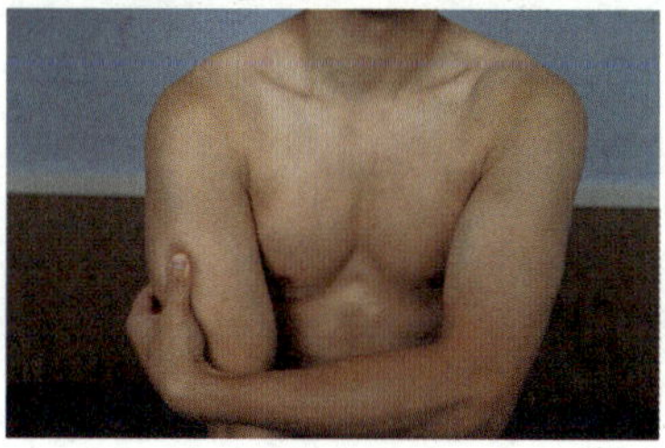

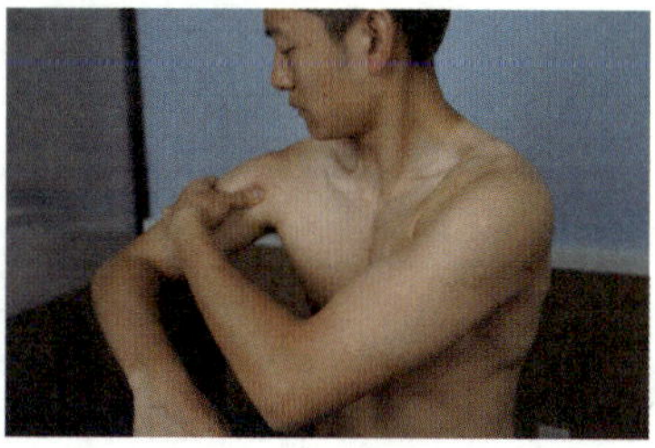

图4-15　上臂按摩

①体位：取坐位，按摩肱二头肌时，其体位基本同前臂。为操作方便，应将上臂外旋。按摩肱三头肌时，上臂内旋，稍内收，肘关节伸直，前臂置于腹前。按摩三角肌时，同侧下肢屈髋屈膝，足底置于床面，同侧肘关节弯曲，靠于膝关节上，且上臂微内旋。

②手法：推摩、揉、揉捏、叩打。

③操作步骤：首先做推摩；其次用拇指或其余四指做揉法，重点在肱二头肌、肱三头肌和三角肌，与揉捏手法交替进行，反复数次；最后用空拳叩打上臂内外侧肌肉及三角肌等部位。

3. 躯干按摩

（1）腰背部按摩。（图4-16）

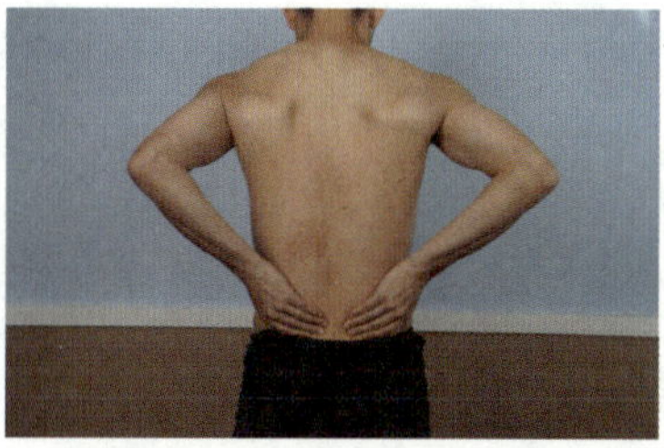

图4-16　腰背部按摩

①体位：取站立位，在操作过程中根据手法要求，可适当前倾或后仰。

②手法：推摩、擦摩、揉、叩击。

③操作步骤：首先用两手的手指在腰背部进行推摩和擦摩，交替进行，反复数次；其次，两手半握拳，用两手手背部分别揉腰背部及其两侧肌肉，上下往返，反复数次；最后，仍两手半握拳，用两手手背或桡侧叩击腰背部，反复数次结束。

（2）胸部按摩。（图4–17）

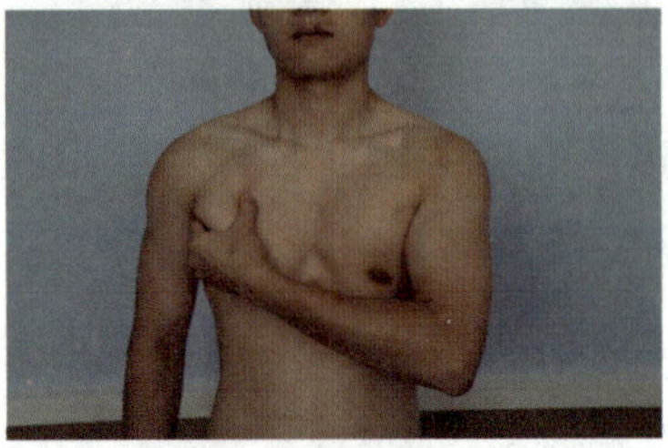

图4–17　胸部按摩

①体位：取坐位，一侧上肢自然下垂，前臂置于大腿上，用对侧手做按摩。

②手法：推摩、擦摩、揉、叩打。

③操作步骤：首先用单手在胸部做广泛性推摩和擦摩，两手轮流操作，反复数次；其次单手揉胸大肌等肌肉，也是两手交叉操作；最后半握拳，用空拳叩击两侧胸部，可单手操作，也可双手同时操作。

（3）腹部按摩。（图4–18）

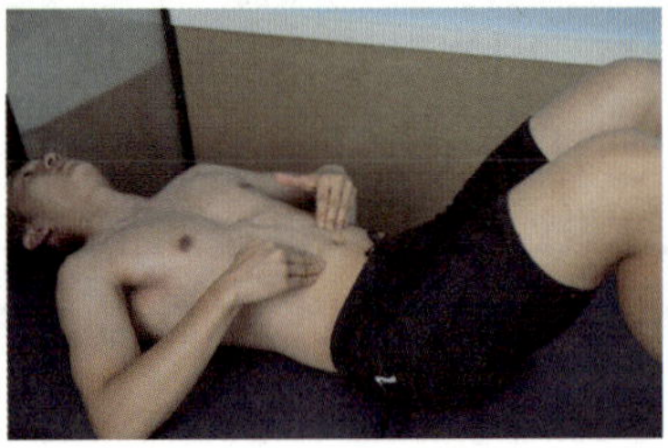

图4–18　腹部按摩

①体位：取仰卧位，双下肢屈膝屈髋，放松腹部肌肉。

②手法：推摩、擦摩、揉、点法。

③操作步骤：首先用四指指腹或全掌做腹部推摩和擦摩，反复交替操作数次；其次用揉的手法；最后可酌情点按腹部中脘、气海、关元、神阙等穴位。

（4）头、颈部按摩。

①体位：取坐位或站位。

②手法：推摩、擦摩、揉、揉捏、点法、拿法。

③操作步骤：按摩头部时双手置于头顶，以手指指腹插入发间擦摩和推摩头皮，一般由前向后反复操作数次。（图4–19）

按摩颈前部时，拇指与四指分开置于胸锁乳突肌上，向下用推摩和轻揉手法，两手交

替进行。（图4–20）

按摩颈后部时，用单手或双手指腹做推摩，并由上而下分开至两侧，然后用揉、揉捏手法，最后可点按或拿太阳、上星、风池等穴。（图4–21）

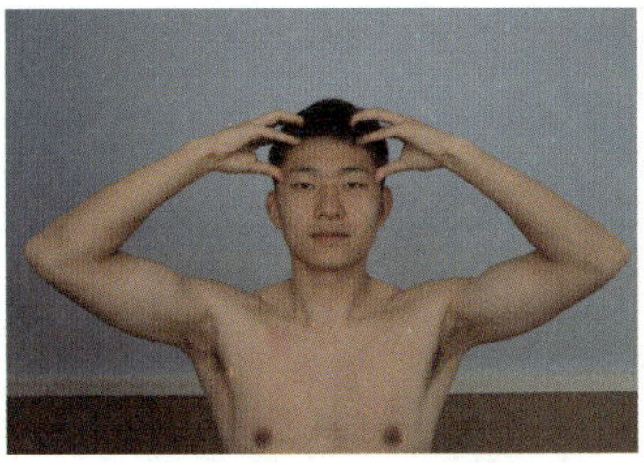

图4–19　头部按摩

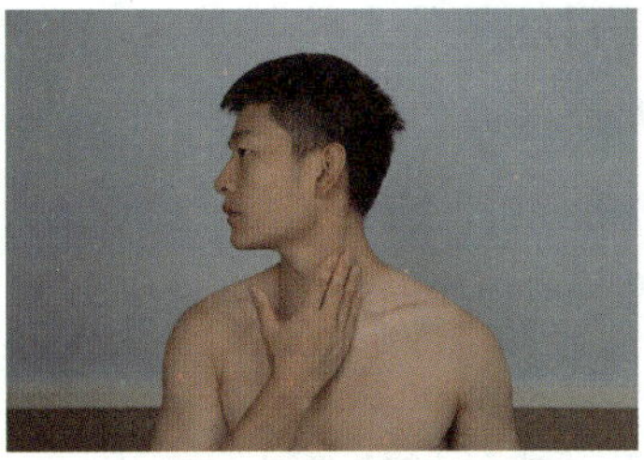

图4–20　颈前部按摩

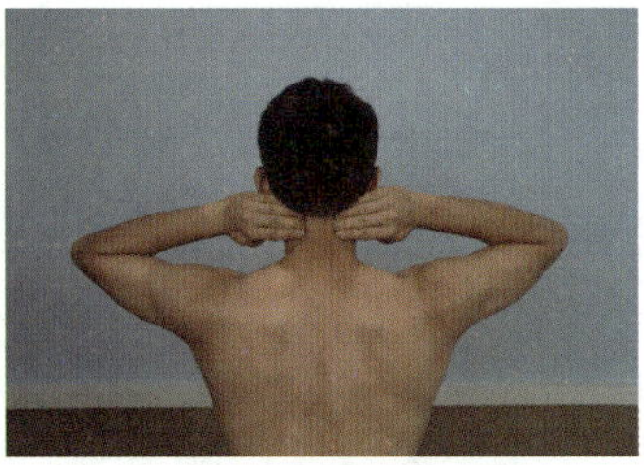

图4–21　颈后部按摩

4. 全身按摩的顺序

（1）躯干及颈部。

取坐位或站立位，由胸部开始，然后背部，再转向颈后、背部。近脊柱处可半握拳，以掌指关节的突起部向下按摩腰部，其手法前面已叙述。最后做颈、腰部的屈伸、侧屈和旋转等活动。

（2）上肢。

从手、腕部开始，接着为前臂、肘部、上臂、肩部，先按摩屈侧，后按摩伸侧。各关节在擦摩、揉捏等手法之后做主动活动。一侧做完后，再做另一侧。

（3）下肢。

从足趾、足底、足背开始，接着依次为小腿后侧、前侧。擦摩膝关节后进行大腿的按摩，先按摩前面，然后按摩内侧面、后面；接着按摩臀部。下肢按摩也是两侧交替进行。最后按摩腹部。

全身自我按摩时间为15～20分钟。

本章小结

运动按摩是运动实践中消除疲劳、防治伤病、提高身体机能的有效手段之一，被广泛应用于运动训练和比赛的各个环节。本章阐述了运动前、中、后及自我按摩在各个环节的操作手法和效果；较详尽地描述了不同部位、不同身体状态的操作手法、操作重点和常用穴位，以及如何将按摩与一般和专项准备活动相结合；讲述了自我按摩全身各个部位的操作手法、步骤及顺序。但是，学生若想真正掌握运动按摩的精髓，还须在反复的互相按摩与自我按摩实践中不断体会和感悟。

复习题

（1）什么是运动前按摩，其目的是什么？

（2）克服赛前紧张状态应如何按摩？

（3）如何通过按摩来克服赛前精神不振？

（4）如何通过按摩来克服赛前失眠？

（5）如何采用按摩手法来克服赛前皮肤发凉？

（6）伤者参加训练或比赛的运动前按摩的实施原则是什么？

（7）克服赛前局部肌肉、关节无力应如何按摩？

（8）什么是运动中按摩？其作用和手法原则有哪些？

（9）什么是运动后按摩？其作用和总的按摩原则是什么？

（10）在运动后按摩中，不同部位以及全身按摩如何实施？

（11）什么是自我按摩？

（12）不同部位及全身的自我按摩如何进行？

（13）全身自我按摩的时间长短和操作顺序如何掌握？

第五章　治疗按摩教学

内容提要和学习指导

本章介绍了如何用按摩的方法治疗一些常见的肌肉、韧带、肌腱等损伤，如落枕、颈椎病、急性腰损伤、腰背部肌肉筋膜炎、肩袖损伤、肱骨外上髁炎、髌骨劳损等常见伤病的治疗。每种伤病均从病因病理、征象和治疗三个方面进行详细的讲述，从实践的角度来指导如何通过按摩更好地处理这些常见伤病。治疗按摩需要熟练的手法和技巧、谨慎且精确的操作，学生需要勤加练习才能更好地掌握。

学习目标

掌握常见伤病的治疗按摩方法。

熟悉常见伤病的征象。

了解常见伤病的病因、病理。

知识点导图

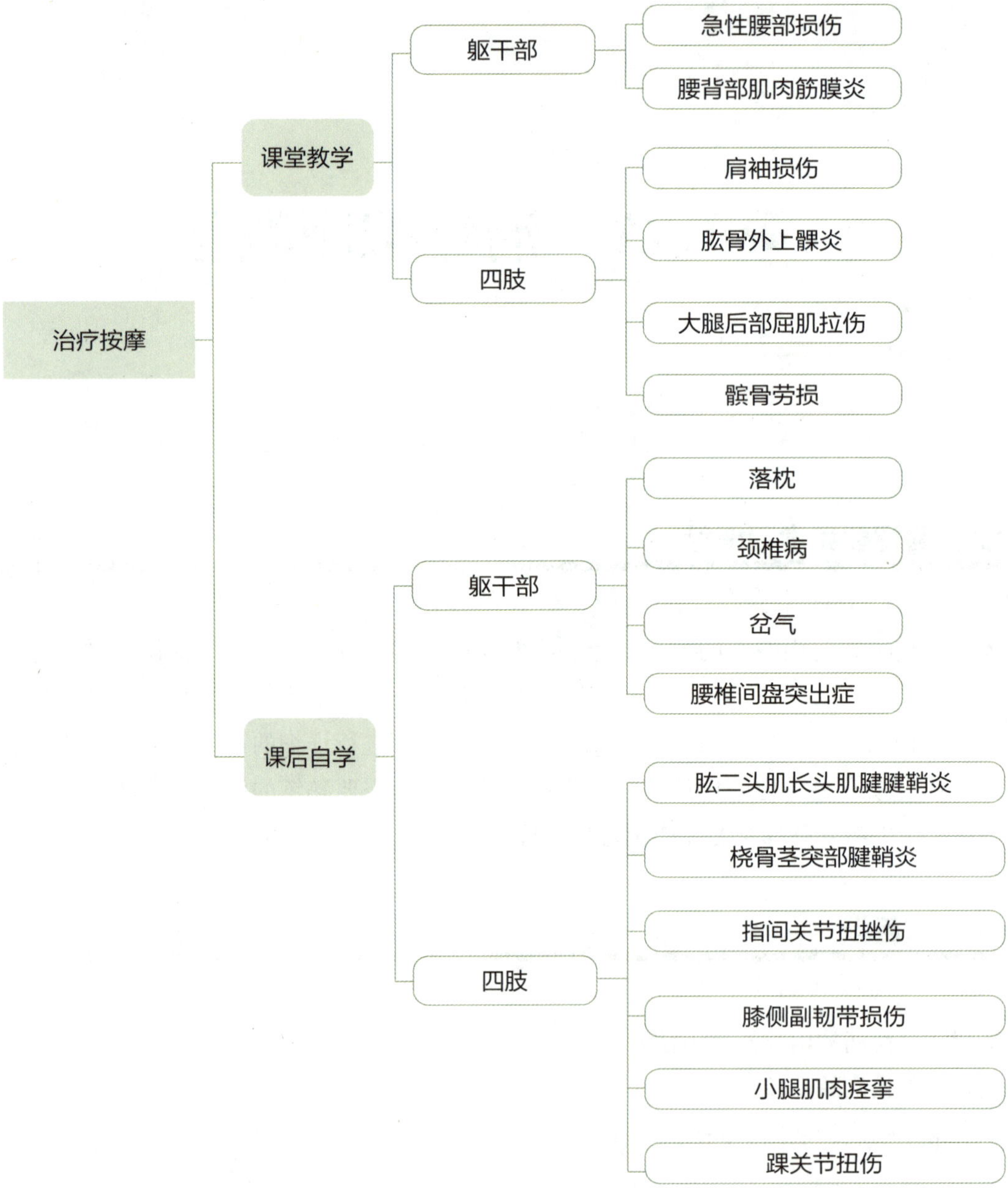
治疗按摩
课堂教学
躯干部
急性腰部损伤
腰背部肌肉筋膜炎
四肢
肩袖损伤
肱骨外上髁炎
大腿后部屈肌拉伤
髌骨劳损
课后自学
躯干部
落枕
颈椎病
岔气
腰椎间盘突出症
四肢
肱二头肌长头肌腱腱鞘炎
桡骨茎突部腱鞘炎
指间关节扭挫伤
膝侧副韧带损伤
小腿肌肉痉挛
踝关节扭伤

课堂教学

（一）躯干部

脊柱是人体躯干的中轴，支持和连接着头部和四肢，并有支持、负重、减震、运动和平衡身体以及保护内脏和脊髓的作用。

脊柱由颈椎、胸椎、腰椎、骶骨和尾骨等26块脊椎骨以及23个具有弹性的椎间盘构成。一具标准的脊椎骨由锥体、椎弓（由椎弓根和椎板组成）和其附件（有7个突起）组成。两椎体之间的椎间盘由上下两个玻璃样软骨盘、纤维环和具有移动性、能变形的髓核组成。上下关节突组成椎间关节。

脊柱由许多长短不一的韧带（前纵韧带、后纵韧带、棘间和棘上韧带等）相连接，许多长短、大小、形态差异极大的肌肉（如斜方肌、提肩胛肌、骶棘肌、梨状肌等）起止于脊柱。在躯干背部的皮下、肌肉之间有腰背筋膜。

躯干可做前屈、后伸、左右侧屈和旋转运动，颈部活动范围最大，腰部次之，胸部的活动范围极小。

体操、武术、篮球、排球、跳远、投掷、举重、跳水、摔跤、柔道等运动项目容易引起躯干部的运动损伤。常见的躯干损伤有急性颈部扭伤或腰部扭伤、棘突骨膜炎、腰背肌肉筋膜炎、腰椎间盘突出症等。此外，椎板或椎体骨折、颈椎脱位等严重损伤，偶可见到。

1. 急性腰部损伤

急性腰部损伤包括肌肉、筋膜、韧带或椎间关节等损伤，90%发生于腰骶部和骶髂关节。腰骶部为人体躯干连接下肢的桥梁，负重大，活动多，在运动中遭受外伤的机会也多。骶髂关节是一个微动关节，关节面不平，周围韧带很多，暴力可造成关节面扭错和韧带损伤，引起腰痛。

（1）病因和病理。

重力超越了躯干一时所能承担的范围，在肌肉力量不足或负荷过重时则更容易发生急性腰部损伤。例如，提举杠铃时负重过大，提杠铃时动作不正确，不能有效地发挥髋和膝关节协同克服重力的作用，甚至采取直腿弯腰姿势（图5-1），就必然会加大阻力，使重量全部落在腰上，容易使肌肉和筋膜发生撕拉伤。当准备活动不充分，脊柱伸、屈肌不协调或肌力不足，脊柱的平衡和稳定性低下时，较小的外力也可致伤。

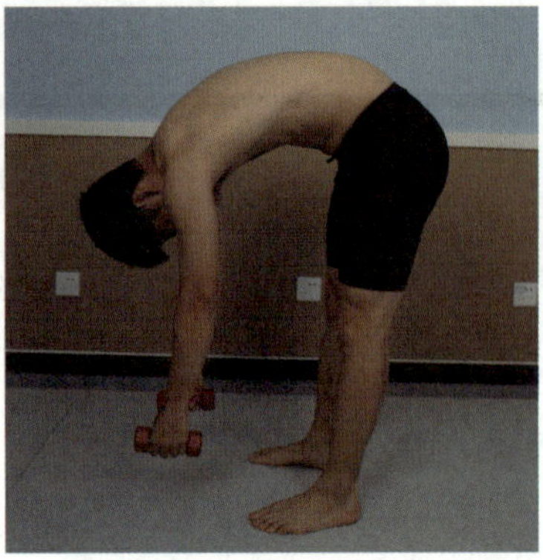

图5-1　不正确的提铃动作

活动超越了脊柱的功能范围，可造成急性腰部损伤。例如，投掷出手时过分扭转躯干，可造成腰肌及筋膜损伤，甚至椎间关节或骶髂关节扭伤。跳远腾空落地时收腹过猛，脊柱突然前屈，可使棘间、棘上韧带或肌肉过度牵扯而发生撕拉伤。

运动员注意力不集中或极度疲劳，肌肉协调性不好，在完成动作技术上不规范，也容易造成急性腰部损伤。

（2）征象。

急性腰部损伤者常有急性腰部损伤的病史。轻者伤时常无疼痛，过后或次日晨起感到腰痛；重者伤时常自感腰部有“撕布样响声”，伤后疼痛较剧烈，腰部活动受限，伤部肿胀压痛。腰肌及筋膜拉伤时，常在腰骶椎棘突旁或髂嵴部有压痛；棘间或棘上韧带损伤者，屈伸脊柱疼痛加剧，局部压痛明显，侧屈及旋转脊柱时疼痛不明显。

例如，腰椎小关节滑膜嵌顿，在扭伤腰之后立即发生难以忍受的剧痛，疼痛程度远远超过一般扭伤。伤后患者屈身侧卧，全部腰肌处于紧张状态，表情紧张，不敢稍动，特别惧怕他人的任何搬动，甚至轻轻移动下肢就有无法忍受的剧痛，往往轻按摩、轻扳后剧痛可迅速解除。

骶髂关节常因弯腰或扭转受伤。伤后走路时患侧腿不敢承重，跛行。坐位时，患侧臀部不敢承重，弯腰疼痛较轻。立位时，不能弯腰。骨盆分离试验、挤压试验、“4”字试验（图5-2）呈阳性。

盖氏试验对诊断此症也有重要价值。方法是：让患者取仰卧位，健肢屈曲，由患者自己抱住，检查者将伸直的患肢放于床边并下压，使之过伸，如果骶髂关节疼痛则为阳性，表示有骶髂关节扭伤。（图5-3）

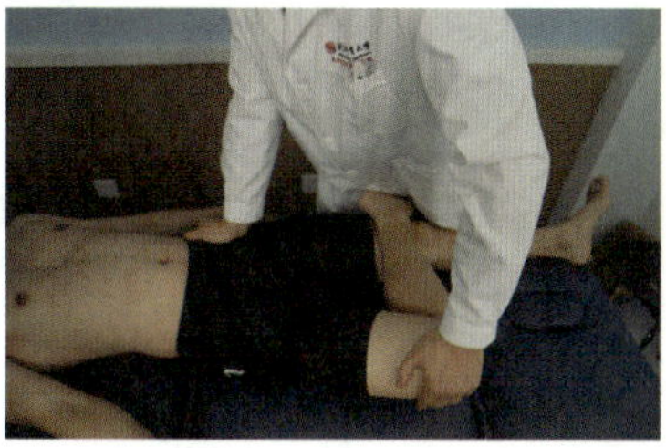

图5-2　“4”字试验

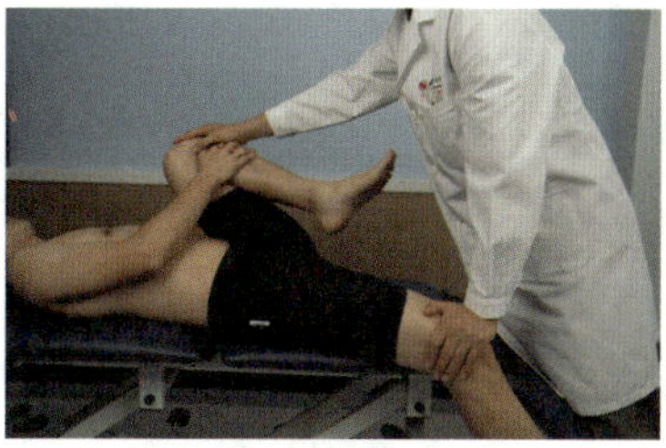

图5-3　盖氏试验

（3）治疗。

急性腰扭伤早期因肌肉、韧带、关节囊等软组织、血管损伤引起出血肿胀，伤后1～2天内应冷敷，使受伤的血管收缩，防止继续出血，减轻肿胀，有止痛作用。一般应卧床休息，用木板床，腰后垫一个小褥，使肌肉及韧带松弛，1～2天后可以进行按摩治疗。

让患者取俯卧位，头偏向一侧，两手平放于体侧，掌心向上，按摩者立于其身侧。先用推法，自腰部起推至肩胛下角，然后向外展开，转向腋窝，力量由轻到重。推后在腰背用手掌或掌根进行大面积的揉和滚，脊柱两旁可用拇指指腹揉，腰背可用掌根揉，以使腰背部肌肉和筋膜得以松解，然后根据损伤部位的不同，采用不同手法按摩。

腰部损伤
治疗按摩

对腰肌及筋膜损伤者，按摩者用双手拿揉腰眼穴数次（图5-4），然后在伤处取阿是穴，用拇指拨揉阿是穴数次。点揉肾俞、三焦俞、志室、大肠俞、环跳等穴位。用立掌搓法搓脊柱两侧肌肉。（图5-5）再让患者坐起，按摩者站于其后，一只手拇指按压腰部痛点，另一只手扶于患者肩背部，协助患者做前屈、后伸、侧屈活动。（图5-6）

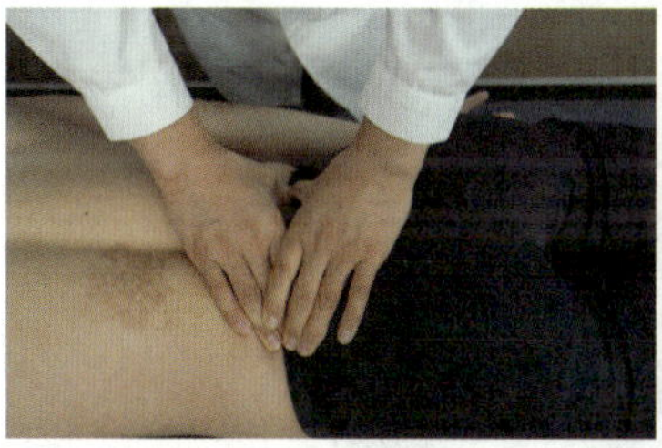

图5-4　拿揉腰眼穴

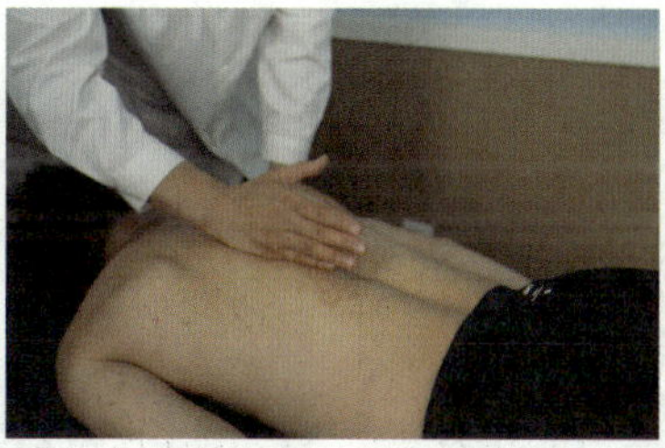

图5-5　立掌搓法

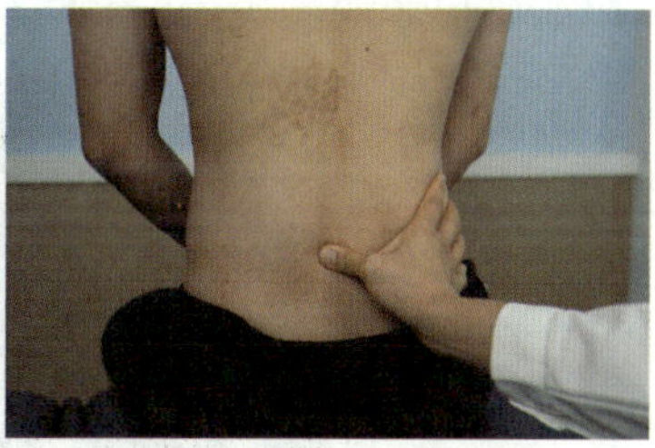

图5-6　按压腰部痛点

对于棘上韧带和棘间韧带损伤者，可于损伤处自上而下理筋数遍，再用单拳滚揉法，滚揉棘上和棘间韧带处。（图5-7）然后用手掌尺侧缘自上而下滚揉患处数次。（图5-8）最后让患者坐于方凳上，按摩者坐于其身后，再用理筋手法自上而下理顺棘上韧带，使伤处平复。

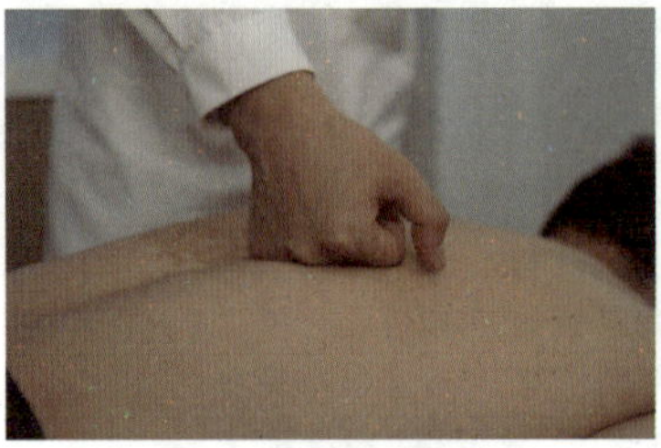

图5-7　单拳揉揉法

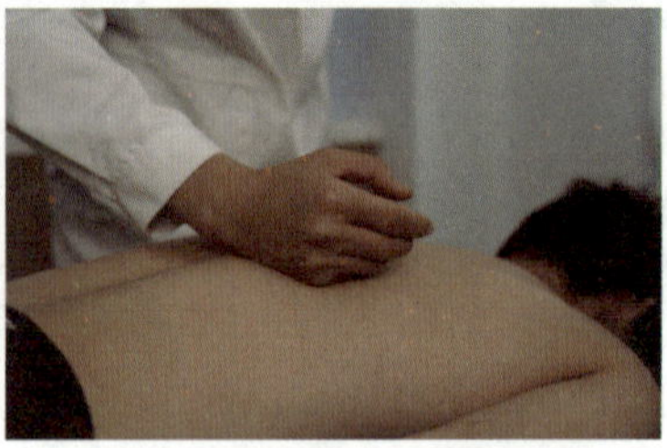

图5-8　手掌尺侧缘揉揉法

对于棘突偏歪者，可用腰部侧扳法。方法是让患者侧卧，贴床面的下肢自然伸直，另一侧下肢屈曲，按摩者位于患者的体侧，两肘（或两手）分别扶住患者的肩部及臀部，做相反方向的扳动，使腰部被动扭转，反复扭转数次，扭转的幅度逐渐增大，当感到患者腰肌已有放松时，做一个增大幅度的扳动（图5-9），此时常可听到“喀喀”的响声，让患者翻转180°，再做相反方向的扳法。

对于骶髂关节损伤者，首先在患者腰部、患侧臀部及大腿用揉、揉等手法，使疼痛减轻；再对环跳、居髎、八髎、承扶、殷门、委中等穴位点穴。然后让患者仰卧，按摩者弓步站于患侧，将患者患侧小腿紧夹于腋下，一只手绕过患者小腿后侧，另一只手置于患者膝关节的髌骨上方，向脚的方向持续牵伸1分钟左右，按摩者稍稍松劲，待患侧髋部稍有回松后，再用劲拔伸患肢，此时可感到患侧下肢有一个弹响震动感传出。（图5-10）再让患者侧卧，患侧在上，按摩者左弓步站于患者体后，右上肢以前臂托住患侧小腿，右手搭于膝下，左手扶持患者右肩背部。按摩者在此姿势下发力，右手推送患侧下肢，使其贴近腹壁，同时左手推送右肩背向前，使腰部屈曲，然后放松复原（图5-11），重复上述动作7～8次，并逐渐加大推送的力量，使最后2～3次达到可能屈曲的最大幅度；再运用髋关节运拉法运拉患髋。（图5-12）

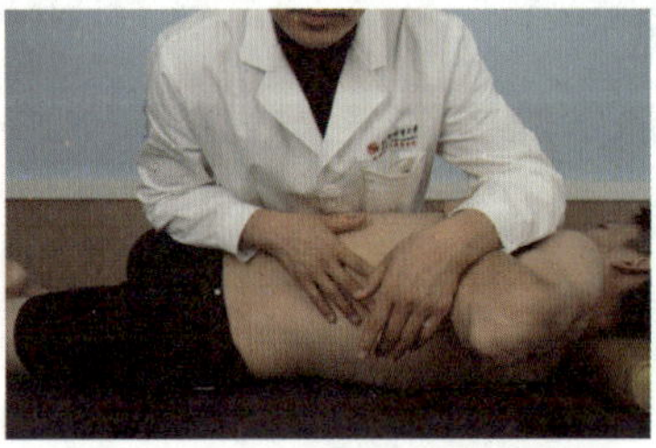

图5-9　腰部侧扳法

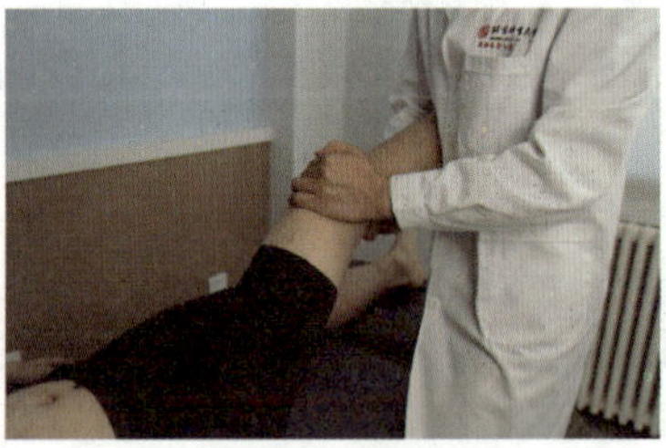

图5-10　下肢拔伸法

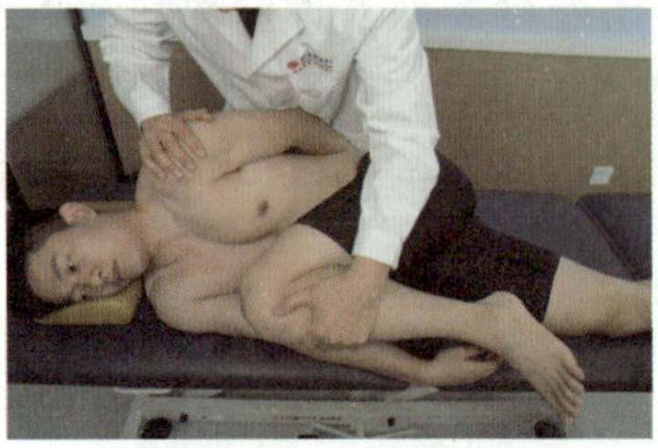

图5-11　腰椎屈曲放松法

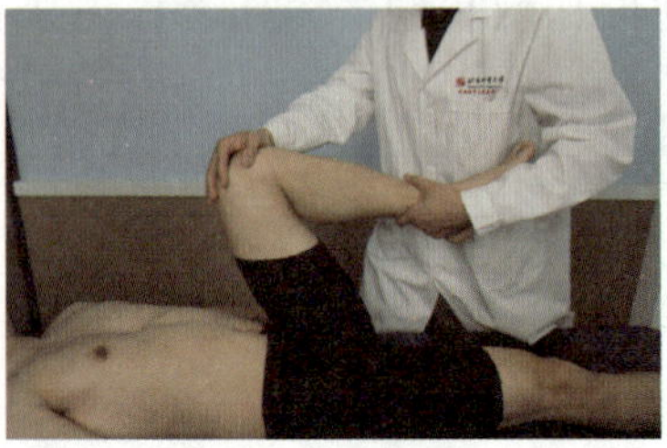

图5-12　运拉髋关节法

2. 腰背部肌肉筋膜炎

腰背部肌肉筋膜炎是造成腰背部疼痛的重要原因，因其病因至今尚未十分清楚，故而命名也多不统一。文献中曾有腰背肌肉劳损、腰背部纤维炎、腰背筋膜疼痛综合征、风湿症或精神性风湿症等名称。近年来根据病理资料所见，该病主要是腰背部筋膜及其附近组织的慢性炎症或组织变性，因此命名为肌肉筋膜炎。腰背部肌肉筋膜炎在运动员中非常多见，严重者对运动训练有一定影响。

（1）病因。

急性腰部扭伤若未能及时治疗，或者治疗不彻底且旧伤未愈又参加运动，会导致腰背部肌肉筋膜炎的发生。

大运动量训练后，若疲劳未消除，肌肉机能未恢复，又进行腰部负荷很大的训练，或运动中，微细的损伤逐渐积累，或腰肌力量薄弱，过多地进行高强度的腰部活动，都可导致腰背部肌肉筋膜炎的发生。

长期进行腰部某种特定姿势的静力性工作，肌肉持续收缩，肌张力增大，局部血液运输和营养不良，肌纤维变性，可逐渐导致肌肉筋膜炎的发生。例如，手枪射击运动员的慢性腰痛多由这种原因造成。

相关文献表明，缺乏维生素E也可导致该病的发生，训练后出汗受凉也是发病的诱因。

（2）病理。

根据相关文献可知，肌肉筋膜炎的病理变化可以是多种多样的，如肌肉筋膜的破裂、脂肪小叶水肿膨出形成疝；筋膜裂隙部形成瘢痕，压迫其中的神经枝；劳损造成血液障碍，导致筋膜黏连；等等。

曲绵域根据手术所见和病理检查结果，认为腰背部肌肉筋膜炎的病理改变，可以表现神经、筋膜、肌肉、血管、脂肪及肌腱的附丽区（如横突、髂后嵴）等不同组织的病理变化。例如，筋膜裂一种为横裂，运动时筋膜紧张、裂隙加大产生疼痛；另一种为纵裂，裂隙内的脂肪组织水肿，被绞窄，肌紧张时尤为明显，这样就可压迫并牵扯裂隙中的脂肪疝、血管或突出的神经发生疼痛或出现疼痛串麻的现象。髂后嵴及脊椎横突部可产生末端病理改变。筋膜黏连处大都有脊神经后侧皮支走行，运动时黏连或黏连的神经被牵扯出现疼痛或串麻的现象。

（3）征象。

自发性疼痛：最常见的疼痛部位是腰椎3、4、5两侧骶棘肌鞘部或胸背部肩胛骨之间。一般都感觉酸疼发沉，早晨起床和天气阴冷时症状加重，轻微活动后疼痛缓解，剧烈活动后疼痛又加重。有些患者感觉疼麻感串向臀部或大腿外侧，或串向颈背部。久坐久站后疼痛加重，更换体位或按摩后可减轻症状。

疼痛与运动的关系：大部分患者表现为运动训练后疼痛加重，但尚能坚持中小运动量的训练，少数病例症状较重，完全不能训练。

查体：大部分患者脊柱曲线正常，活动范围良好，但在脊柱活动过程中，特别是前屈时，常在某一角度范围内出现腰痛，或于提肩胛或内收肩胛时背痛。有些患者在腰2～4水平位的骶棘肌有条形硬结，不滑动，有压痛。有些患者在肩胛间有压痛。X光线检查脊椎骨与关节一般无异常现象。

（4）治疗。

患者俯卧，头偏向一侧，掌心向上，按摩者立于其身侧。

按摩者用手掌、掌根或小鱼际在患者腰背部做大面积的推、揉、㨰等，反复数遍，以使腰肌、腰背筋膜松解。

用立掌搓法，搓脊柱侧肌肉。（图5-5）找出痛点阿是穴，在阿是穴处采用推拨的手法，但推拨的幅度和强度应适当，手法过重反而会引起不良反应。

推拨阿是穴后，还应在肾俞、志室、大肠俞、腰眼、八髎、环跳、秩边等穴位处进行穴位按摩。穴位按摩后沿腰背部两侧膀胱经进行擦摩，并横擦腰骶部，以透热为度。

双掌按压腰骶部（图5-13）。切击或拍击腰背部两侧骶棘肌，以皮肤微红为度，再以轻推结束按摩。

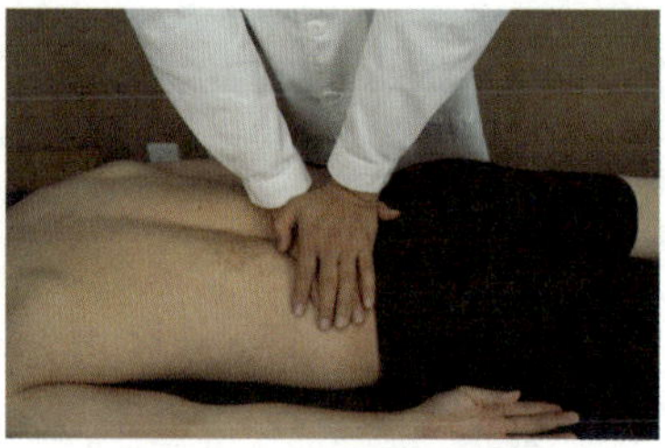

图5-13　双掌按压腰骶部

进行必要的腰背肌锻炼也是必不可少的。常用的腰背肌锻炼方法如下。（图5-14）

①俯卧伸体：俯卧，双臂后伸，头颈尽力抬起，使胸部离开床面。[图5-14（a）]

②俯卧伸腿：俯卧，双腿后伸，尽力远离床面。[图5-14（b）]

③俯卧伸体伸腿：俯卧，头、颈、胸及双腿同时伸展，尽力抬起。[图5-14（c）]

④仰卧抱膝：仰卧，双膝屈起，尽量贴腹，两手抱膝，使腰背贴床，腰背肌肉要放松。[图5-14（d）]

⑤立位体屈伸：分腿站立，臂上举，然后体前屈，膝不弯曲，手尽量触到地面，紧接着伸起躯干，双臂上举。如此反复进行，近似劈柴动作。[图5-14（e）～图5-14（g）]

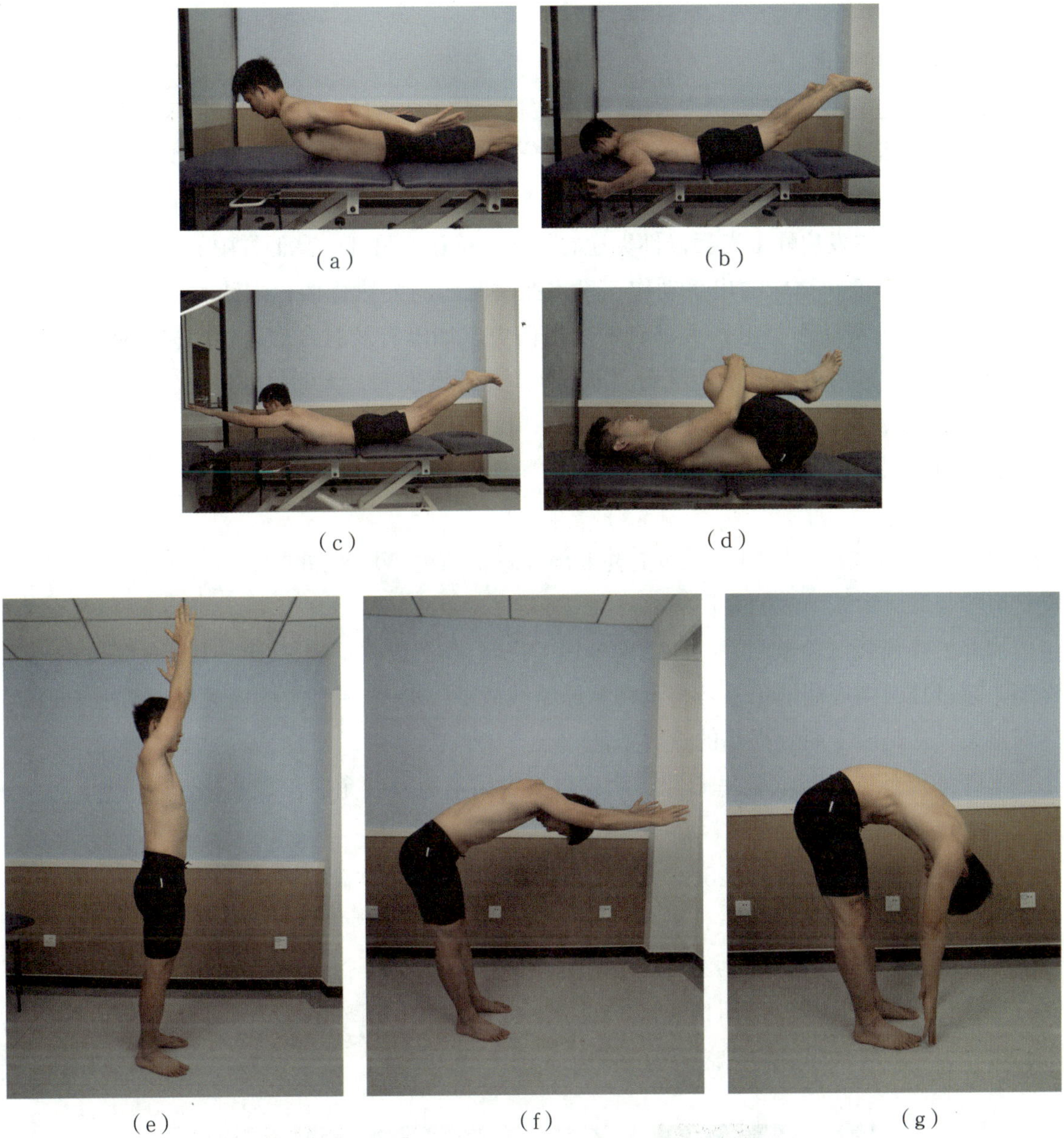

(a) (b) (c) (d) (e) (f) (g)

图5-14 常用的腰肌锻炼方法

（二）四肢

1. 肩袖损伤

肩袖是指由冈上肌、冈下肌、小圆肌、肩胛下肌4个肌腱组成的腱袖，附着于肱骨大结节和解剖颈边缘，其内面与关节囊相连，外面为三角肌下滑囊，把肱骨头与肩胛骨紧密联系在一起，既有稳定肩关节的作用，又有使肩关节旋转和外展的作用。

肩袖损伤主要指的是肩袖肌腱炎，因常与肩峰下滑囊炎伴发，所以二者常在一起论述。

（1）病因和病理。

肩部反复进行超常范围的急剧转动，肱骨大结节与肩峰和肩喙韧带不断摩擦肩袖肌腱，使肌腱纤维出现玻璃样变性、断裂或部分断裂。在裂隙中充满坏死组织或瘢痕组织。在小血管的周围有圆细胞浸润，呈慢性炎症。有时变性的腱纤维中可出现钙化或骨化现象。肌腱的炎症，可继发肩峰下滑囊慢性炎症。例如，单杠、吊环、高低杠中的转肩动作（约转360°）；投掷标枪和垒球的出手动作；举重抓举时肩的突然背伸；蝶泳时的转肩等都是引起此种损伤的典型动作。患者大都有一次损伤史。如没有及时合理地处理损伤处，并继续重复损伤动作，最后会变成慢性疾病；部分病例是逐渐发病，无明显外伤史。

肩部肌力薄弱、准备活动不够、专项练习过于集中在肩部、疲劳时再做高难度的动作，也是肩袖损伤的诱发因素。

（2）征象。

肩痛：疼痛多在肩外侧，可向上臂上部或颈部放射，肩外展或伴内、外旋时，疼痛加重。肩峰与肱骨大结节之间有压痛。

肩外展疼痛弧试验呈阳性，即上臂外展上举时，60°以内不痛，60°～120°的弧度内出现疼痛，超过120°则疼痛消失；若将上臂从原路线放下，在60°～120°疼痛又显现，小于60°时疼痛消失，这是冈上肌腱损伤的重要指征。

上臂外展外旋抗阻试验呈阳性。病程较久者冈上肌及三角肌出现萎缩。

（3）治疗。

急性炎症期，将上臂外展30°，位置固定，适当休息，并配合理疗、按摩、外敷中草药或痛点封闭。

慢性期可以采用以按摩为主的综合治疗。按摩手法如下：让患者取坐位，按摩者立于其身后，用双手拿揉肩背部肌肉（图5-15），并在肩井、肩外俞、秉风、天宗等穴位处点穴；用双手掌相对揉患者的肩关节前后侧。（图5-16）

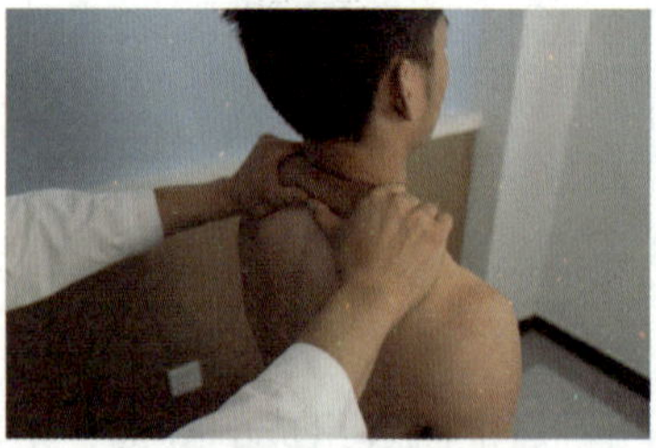

图5-15　拿揉肩背部肌肉

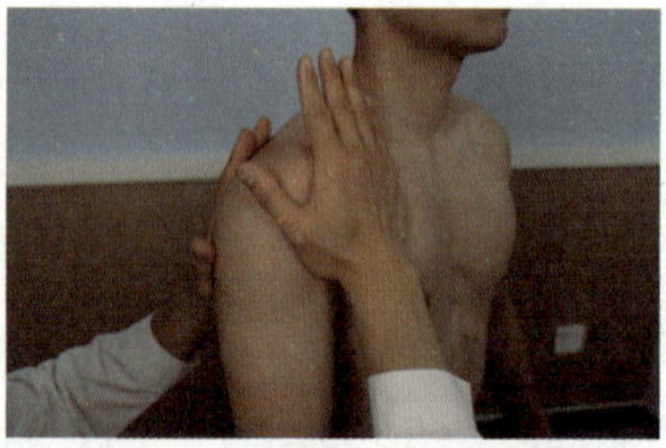

图5-16　双手掌对揉肩关节

按摩者一只手托起患者患侧手臂外展，用另一只手拿揉肩部及上臂肌肉（图5-17），并在肩髃、肩髎等穴位按压。如有肩关节活动受限者，可采用肩关节运拉法（图5-18、图5-19）。

在肩部使用揉、滚、推等手法，力量逐渐减轻，使患者有舒适感。

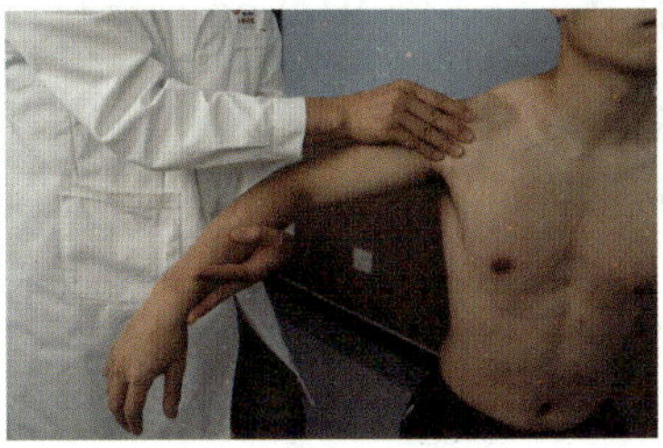
图5-17 拿揉肩部及上臂

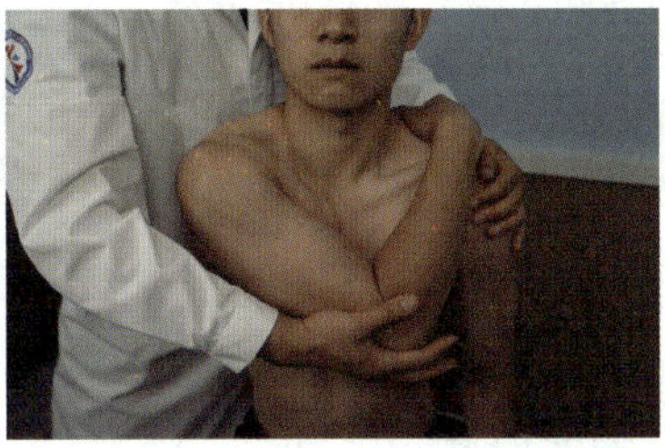
图5-18 肩关节运拉（1）

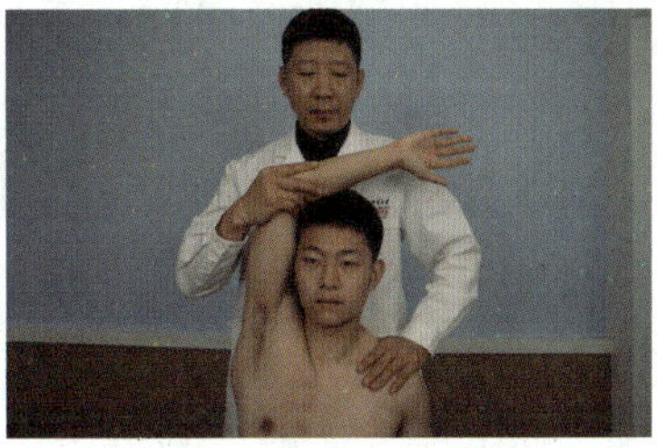
图5-19 肩关节运拉（2）

除按摩治疗外，还应合理安排肩部运动，注意发展肩部肌力和柔韧性练习。增加肩部肌力，可用上臂外展80°～90°的屈肘负重静力练习，负荷重量从2.5千克开始，以0.5千克递增，时间从30秒到1分钟或不能坚持为止。此外，还可握哑铃做动力性肩关节活动，如上臂侧平举和肩关节绕环等。

2. 肱骨外上髁炎

肱骨外上髁炎又名网球肘，多见于网球、羽毛球、乒乓球、击剑等项目的运动外伤。

（1）病因和病理。

该病由肱骨外上髁伸肌总腱慢性劳损及牵扯引起，尤其是桡侧腕短伸肌的肌腱变性。例如，乒乓球、网球、羽毛球运动员由于反拍、下旋回击球时，球的冲力作用于伸腕肌或被动牵扯该肌可以致伤。伸肌总腱慢性劳损及牵扯可以继发引起腱止点骨质增生或腱的钙化、骨化或肱桡关节处局限性滑膜炎、滑膜嵌入，环状韧带变性。

网球肘的病理改变是典型的末端病变化。其腱止点部可因扭伤导致纤维断裂，腱变性血管增生，继发止点骨质增生或腱的骨化、钙化。在腱的周围有表面的筋膜黏连，血管增生，腱下的疏松组织也有损伤性炎症与黏连，关节内滑膜也可产生炎症改变。

（2）征象。

肘外侧疼痛，有时可向前臂放射，做反手挥拍动作或双手拧绞动作（如拧毛巾）时疼痛明显。肱骨外上髁或肱桡关节的外侧部有压痛点。

密尔试验呈阳性，其检查方法是前臂稍弯曲，手半握拳，腕关节尽量屈曲，然后，前臂突然旋前，再将肘伸直，此过程中如肘外侧突然出现疼痛则为阳性。

伸腕抗阻时肱骨外上髁出现疼痛，即可诊断为肱骨外上髁炎。

（3）治疗。

急性期患肢应适当休息，外敷中药，以舒筋、活络、止痛，配合理疗。局部注射醋酸强的松龙12.5毫克加2%盐酸普鲁卡因2毫升，效果明显。

对有炎症黏连者，用按摩治疗可以收到较好效果。其方法是：让患者取坐位，患肢屈肘，前臂旋后，置于桌上，肘下垫以软物。先用揉、揉捏等手法按摩前臂，放松肌肉；然后，按摩者以双手拇、食指拿住伸腕肌群，由前内侧向外侧推扳，告诉患者前臂旋前，再用拇指向外侧推扳肌群，手法由肘外侧开始，逐渐到前臂中下段为止。（图5-20）按摩者站于患肢肘侧，一只手握住患者手腕背侧，另一只手拇指放在患肢肱骨外上髁处；按摩者一只手做患肢前臂的旋前、旋后运动，另一只手拇指沿环状韧带方向内外来回拨动附着在肱骨外上髁的伸肌总腱。旋前时向外拨，旋后时向内推（图5-21），反复10余次；自肱骨外上髁起顺伸肌总腱自上而下用理筋手法。做肘关节运拉（图5-22）及屈伸运动；双手搓、揉上臂及前臂。抖动上肢，旋转拨筋。（图5-23）

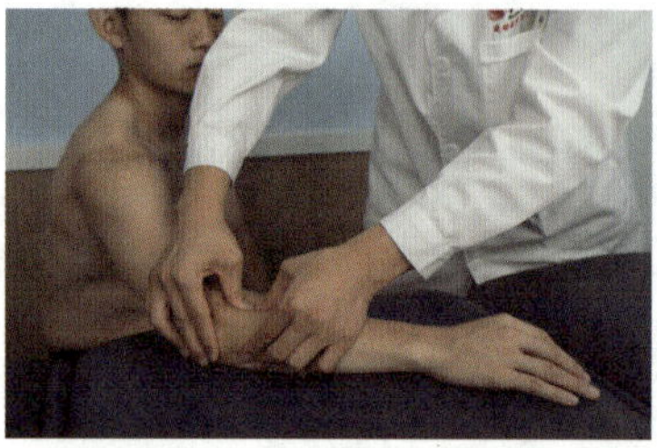

图5-20　推扳桡侧腕伸肌

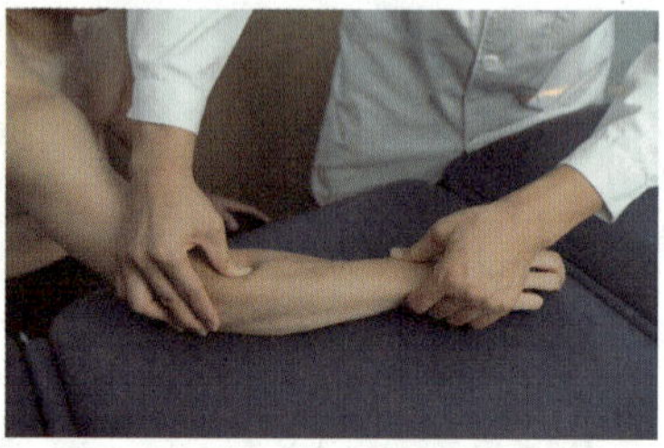

图5-21　旋转拨筋

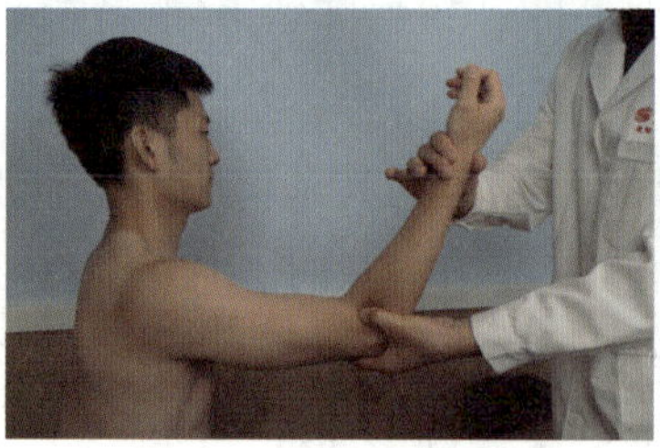

图5-22　肘关节运拉

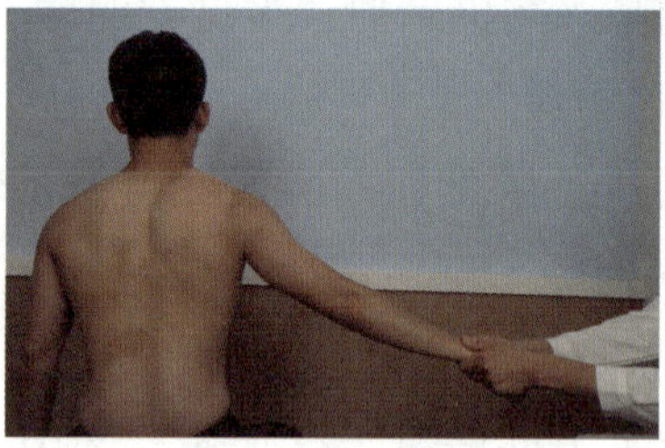

图5-23　上肢抖法

3. 大腿后部屈肌拉伤

大腿后部屈肌拉伤是指大腿后面的半膜肌、半腱肌或股二头肌拉伤，多见于径赛运动员，跳跃运动员次之。一旦发生，常常影响运动员的踏跳、摆腿及后蹬技术，影响比赛及训练。大腿后部屈肌除股二头肌的短头起于股骨外，其他皆起自坐骨结节。下行，股二头肌止于腓骨小头及胫骨外髁筋膜，半腱肌下行与缝匠肌及股薄肌腱共同构成“鹅掌”（腱），止于胫骨内髁的前内侧面；半膜肌止于内髁后面。3个肌肉都是双关节肌，因此容易损伤。

（1）病因和病理。

准备活动不充分，肌肉的生理机能尚未达到适应活动所需要的状态，不当地使用暴力牵拉肌肉，造成肌肉拉伤；训练水平不够，肌肉的弹性、伸展性不足，力量差，若在训练中出现疲劳、肌肉僵硬就更容易拉伤；长时间的训练或连续比赛产生疲劳积累就很容易受伤；技术动作不正确、动作过猛或粗暴、气温过低、湿度太高、场地不良等原因都可能引起肌肉拉伤。

当肌肉猛烈地主动收缩，超过了它的负担能力，或者突然被动拉长，超过了它的伸展性，都可发生拉伤。例如，跨栏运动员摆动腿前伸再突然弯腰，或者短跑屈膝向前摆腿，容易被动拉伤大腿后部屈肌；而百米运动员冲刺时，后蹬腿大腿后部屈肌容易发生主动拉伤。

大腿后部屈肌拉伤，既可发生在坐骨结节腱止点处，也可发生在肌腹或肌腹与肌腱交界处。轻者微细损伤；较重者肌纤维部分断裂；严重者则肌肉完全断裂，有时可合并肌肉筋膜和腱鞘的损伤。

（2）征象。

伤部疼痛、肿胀、压痛、肌肉紧张或痉挛，触之发硬，功能障碍。当受伤肌肉主动收缩或被动拉长时，疼痛加重。肌肉抗阻力收缩时，大腿后部屈肌出现疼痛。

如肌肉断裂者，受伤当时可感到或听到断裂声，肿胀明显，皮下瘀血严重，局部还可触到凹陷或一端异常膨大。

（3）治疗。

轻度肌肉拉伤者，伤后立即加压包扎、冷敷、抬高患肢，并将受伤肌肉置于放松位置。24小时后在伤部做轻按摩，方法如下：患者取俯卧位，按摩者用双手拇指在伤部自上而下用理筋手法；在伤部周围用揉、揉捏（图5-24）、搓等手法；在环跳、承扶、殷门、委中、秩边等穴位处进行穴位按摩。

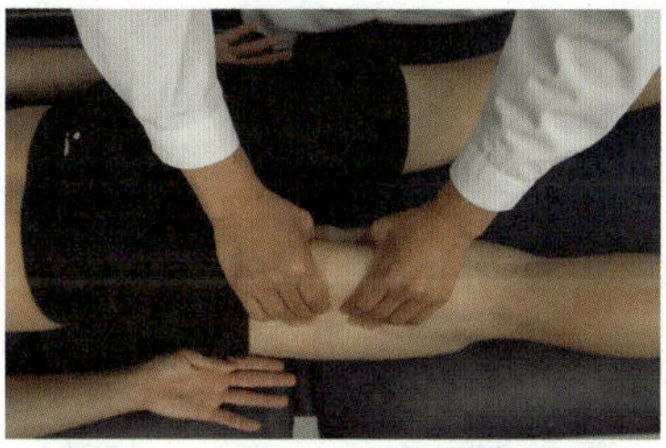

图5-24　揉捏大腿伤部周围组织

陈旧性损伤，伤处有瘢痕挛缩影响训练者，可用以下按摩手法：患者取俯卧位，按摩者用双手拇指在伤处自上而下做理筋数遍；按摩者用双手拇指横向内外弹拨瘢痕挛缩处（图5-25），以松解黏连；按摩者顺着大腿后部屈肌的走行方向，自上而下提拿拉伤的股二头肌或半膜肌、半腱肌，反复提拿数遍（图5-26）；在秩边、环跳、承扶、殷门、委中穴处进行穴位按摩。

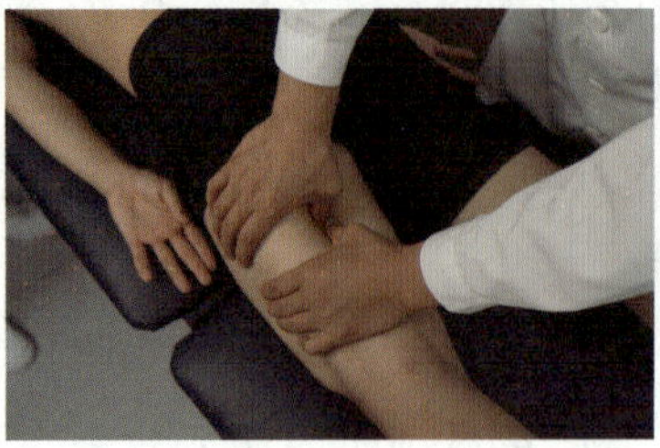

图5-25　横向弹拨伤处

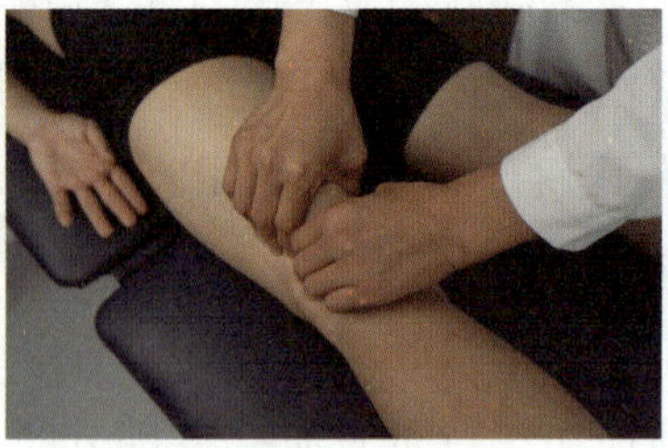

图5-26　提拿大腿后部屈肌

对肌肉、肌腱完全断裂者，可局部加压包扎，固定患肢后，立即送医院进行手术缝合。

4. 髌骨劳损

髌骨劳损是指髌骨软化症和髌骨张腱末端病。由于这两种损伤可单独发病，也可同时存在，加之损伤原理基本相同，症状也有相似之处，因此将两者合并叙述。此种损伤在篮球、排球运动员和舞蹈演员中发病率最高，其次为跳跃、短跑、举重、投掷等项目的运动员。

（1）病因和病理。

慢性劳损：膝关节半蹲位完成动作时，由于韧带松弛，关节的稳定作用完全靠股四头肌和髌骨来维持，这就加重了髌骨的负担，使髌骨关节面产生错动、拧扭、摩擦、撞击，如果作用力超过组织细胞的生理负荷，就会影响局部代谢，破坏软骨摄取营养物质的正常机制，影响软骨细胞制造硫酸软骨素的功能，使软骨失去弹性，发生变性。同时，创伤可使滑液的成分、渗透压、酶的活性发生改变，从而加速软骨的变性，使软骨发生龟裂、纤维化、软化、增生、剥离等病理改变。长期过重负荷的专项训练，也可反复牵拉髌腱及髌尖附丽处。引起血液供应障碍，反应性增生变性，出现髌尖末端病、髌腱腱围炎等病理改变。许多体育项目，都是经常在半蹲位完成动作。例如，篮球的滑步防守与进攻、急停起跳，排球跳起扣球、滚动救球，短跑的起跑，跳高、跳远的踏跳和最后一步制动，投掷铁饼的半蹲转体，举重的下蹲举杠，武术、体操的跳跃，身体素质训练的负杠铃蹲起和蹲跳，等等，都是在半蹲姿势下完成的。如果运动员长期负荷过重，超过组织细胞的生理负荷，就会导致损伤。

猛力弹跳时拉伤，导致髌腱损伤甚至出现小的撕脱骨折，也称“镜下骨折”；直接撞击髌尖部也会出现髌骨损伤症状。

（2）征象。

膝软和膝痛：早期或轻者与运动量和动作特点有关，表现在大运动量后和做半蹲动作时发软疼痛，休息后减轻或消失。如发展下去可有上下楼梯痛，严重者走路和静坐时也痛，在运动中可因腿软使不上劲而出现坐下或跌倒的现象。

髌骨压迫痛：患膝腘窝下垫小枕，使膝关节微屈，股四头肌放松。检查者用一只手掌放于髌骨上，垂直向下或上下、左右错动按压髌骨，如髌下疼痛即为阳性。

髌骨边缘指压痛：患膝伸直，放松股四头肌，检查者一只手将髌骨向侧方或下方推起，另一只手拇指或食指按压髌骨周缘，疼痛者为阳性。

伸膝抗阻试验：检查者将一只手伸入患膝后方，另一只手握踝部前方，并给一定阻力，让患者由屈位逐渐伸直，与其对抗，伸膝在110°~150°出现疼痛者为阳性。

髌骨软骨摩擦试验：检查者用手掌按压住髌骨部，做髌骨左右、上下错动或令患者伸屈膝关节，有粗糙摩擦感者为阳性。

髌骨抽动痛：患者伸膝，检查者用一只手按压住髌骨部，令患者主动收缩股四头肌，疼痛者为阳性。

单足半蹲试验：让患者单足支撑并逐渐下蹲，出现膝软和髌痛者为阳性。

病程长且严重者，检查时可触及髌骨边缘有增厚或条索感，髌尖延长，股四头肌萎缩等征象。

X光线检查：早期X光线检查多数正常，后期在侧位及轴位X光片上可有髌股关节间隙变窄，或髌股关节面上下骨赘形成，髌韧带和股四头肌附丽部增厚、钙化或骨化阴影，髌骨关节面不光滑。

（3）治疗。

该病一旦确诊，除适当调整运动量和减少局部的负荷外，还应进行按摩、中药外敷或熏洗、医疗练功等综合治疗。

按摩疗法：患者取仰卧位，腘窝处垫以枕头，按摩者站于其身侧，用推、揉、揉捏、滚等手法按摩大、小腿肌肉，再用双手手掌搓、揉膝关节两侧；点压膝阳关、阳陵泉、血海、阴陵泉等穴位，并用双手拇指点压双侧膝眼穴（图5-27）；用拇指指端刮髌骨周缘的痛点（图5-28）；使患者患侧膝关节屈膝，按摩者用双手拇指沿着髌腱从上到下刮（图5-29），使其理顺。

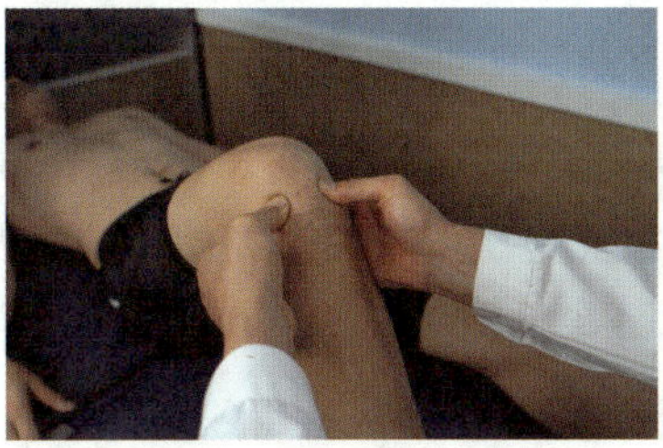

图5-27 双手拇指点压侧膝眼穴

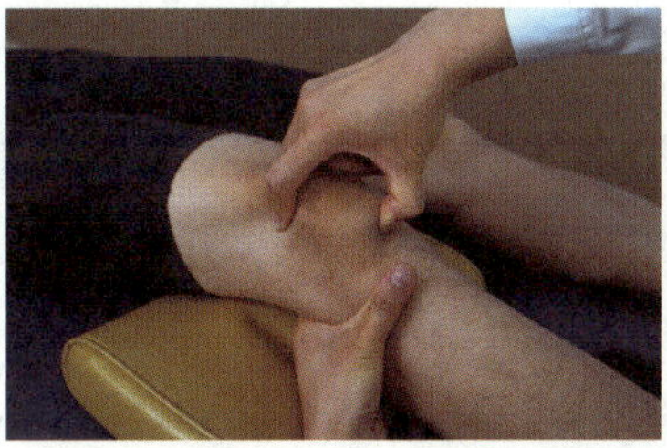

图5-28 刮髌骨周缘的痛点

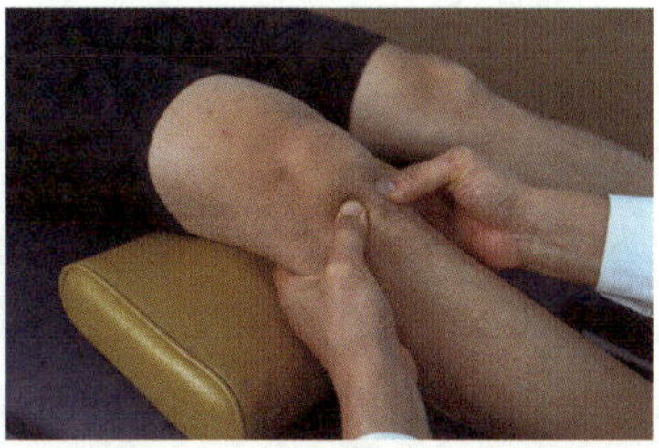

图5-29 刮髌腱手法

患者取仰卧位，患膝屈膝，按摩者双手拇指交叉，压于患者髌韧带处，双手的其余手指握于小腿后部，按摩者边用双手协助患者伸膝，边用双手拇指向上推按髌韧带处，反复数次。（图5-30）患者取仰卧位，患膝下垫薄枕，按摩者双手握拳叩击髌骨上、下缘各

20～30次。（图5-31）让患者取俯卧位，患肢小腿部垫以枕头，在大腿、腘窝、小腿部用揉、㨰、揉捏等手法。在委中穴处进行穴位按摩，然后按摩者一只手按于腘窝略上方，另一只手握住足背或踝部，进行反复的患膝屈伸活动（图5-32），最后以揉、摩、推等手法按摩大小腿结束。

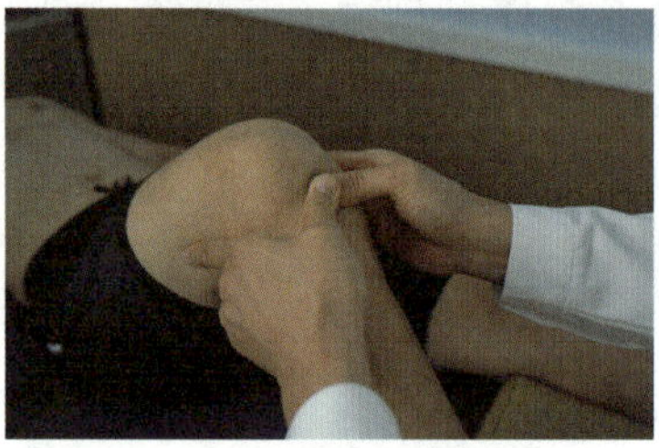
图5-30　推按髌韧带

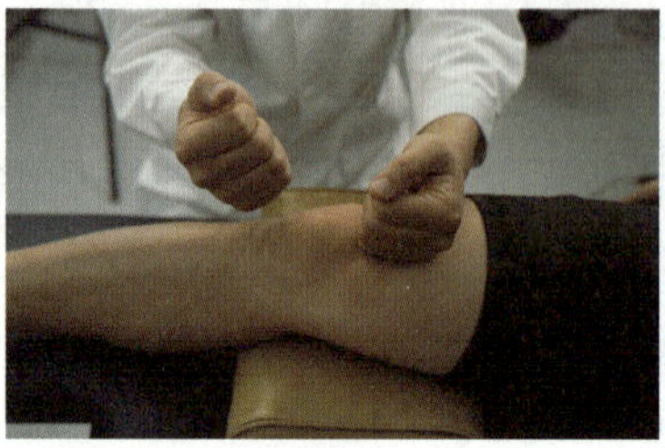
图5-31　叩击髌骨上、下缘

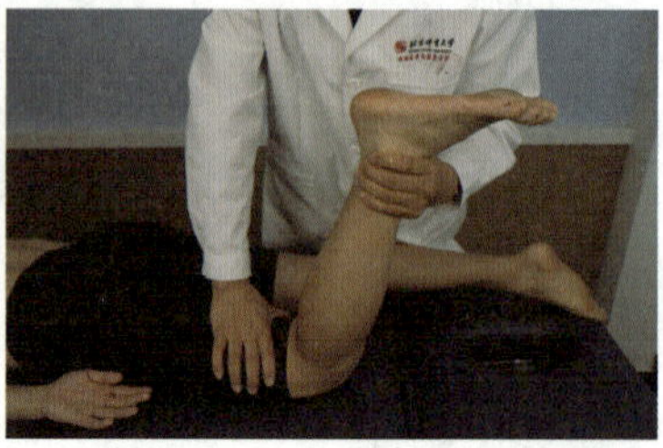
图5-32　将患膝被动屈伸

膝关节功能练习是预防和治疗膝关节髌骨劳损的重要措施。适当的功能练习可以防止膝周围肌肉（尤其是股四头肌）萎缩，改善局部血液循环，促进病变的修复，消除和减轻关节积液和疼痛，提高膝关节的负荷能力。功能练习的方法很多，一般有绷劲、直抬腿、登台阶、下蹲走、静力半蹲、负重蹲或抗阻力关节活动等。其原则如下：病情重者，初期练习以不负重、徒手练习为主，练习一段时间后插入负重练习，每日练习1～2次，且运动量逐渐增加，不宜突然加量；负重或抗阻力练习时，重量或阻力应由小到大，一般可由原负重能力的1/3～1/2开始，进行动力性练习时，应避开膝关节110°～150°的爆发性动作；每次练习后如有反应，应在次日清晨消失，否则应减量，一般3～5天适应后，才能加量。练习后应做好腿部肌肉的放松活动，可采用按摩、温水浴、热敷等。

运用我国武术运动中一种传统的基本功——站桩，即高位静力半蹲练习来防治该病，效果较好。其方法是：两脚开立，与肩同宽，半蹲，上体直，身体重心稍靠后，颈部放松，上肢前平举，肩放松，肘微屈，或手扶撑于大腿上，呼吸均匀自然，保持此种姿势不动。开始练习时，要尽量坚持5分钟左右，以后可逐渐增加时间，达20分钟为止，每日练习1～2次；练习后慢慢伸直膝关节，静站2～3分钟，再做放松活动。股四头肌明显萎缩者，可先采用靠墙半蹲练习，随着股四头肌力量的改善，可增加负重静蹲。例如，半蹲时间能达20分钟后，可逐渐缩小半蹲角度或采用负重半蹲来加大练习强度，重量可从20千克递增至50～60千克。进行静力半蹲练习时，因腿部以半蹲姿势支持全身体重5～10分钟后，肌肉开始抖动，并逐渐加剧，同时因肌肉抖动产生热，其腿部皮肤温度可升高2～4℃。抖动时股骨与髌骨关节面发生轻微有节奏的撞击，能起到轻微按摩的作用。这可以促进膝关节的血液循环，改善软骨的营养供应，有助于劳损的修复。

课后自学

（一）躯干部

1. 落枕

落枕又名痉挛性斜颈，表现为急性颈部肌肉紧张、强硬、酸胀、疼痛以致转动失灵，轻者一般4～5天自愈，重者疼痛严重，可延至数周不愈。按摩疗法对落枕的治疗有较好的效果。

（1）病因。

多数患者由于睡眠姿势不当，枕头过高或过低、头部滑落枕下，导致颈部斜向一侧，称为“落枕”。也有部分患者因睡眠时感受风寒，造成局部经络不通，血气运行不畅，故有“落枕风”之称。

在体育运动中，头颈部两侧受力或用力不一致，可造成急性颈部扭伤，产生与落枕相似的症状。例如，摔倒时的头颈部着地，做体操滚翻动作时头部位置不正，滚翻偏斜，团身不好，跳水时头部撞在别人身上或池底等，都是致伤的常见原因。对于急性颈部扭伤，最好请专科医生检查有无颈椎骨折及脱位，切不可一律按“落枕”对待。

（2）病理。

颈项肌痉挛、僵硬，特别是斜方肌、胸锁乳突肌痉挛是该症常见的病变。当落枕症状较重时，头夹肌、提肩胛肌、头最长肌、头半棘肌、椎枕肌等深层肌群也痉挛、僵硬。

有些学者认为，落枕时还会伴有颈椎的关节突间关节错位或滑膜嵌顿。有人曾拍摄落枕患者开口位X光线片，显示寰环枢关节轻度移位，经手法整复后，患者顿觉症状消除，摄片复查后显示寰枢关节已恢复正常。

（3）征象。

睡醒起床后，感到颈部酸痛，僵硬不适，颈部屈伸、转动不能自如，头多歪向一侧，动则牵涉肩背疼痛加重。检查时，多见患者头部歪斜，颈部肌肉紧张，一侧胸锁乳突肌的胸骨头肌腱挺露于皮下；颈后肌肉的压痛较广，以斜方肌、肩胛提肌压痛较明显；颈椎棘突两侧也可查到局部压痛点；头颈活动受限，常表现为向某一侧旋转和侧屈的幅度明显减小。

（4）治疗。

让患者端坐于方凳上，按摩者站于其身后或身侧。用两手掌自上而下在颈部用推法数次，以理顺肌肉和筋膜；手呈钳形，拇指指腹与其余四指指腹分别置于颈项部两侧，自上而下拿揉颈部肌肉数次（图5-33）；自枕后隆突斜向外下理顺斜方肌及胸锁乳突肌，以解除肌肉痉挛，疏通血气；点揉风池、新设、肩井、肩外俞等穴位。

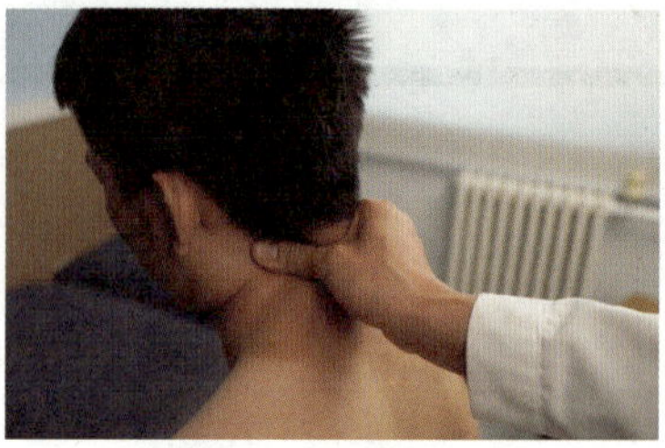

图5-33　拿揉颈项部

拨颈法：让患者取坐位，按摩者站其身后，一只手托其一侧下颌，另一只手扶于其头顶侧部，双手朝相反方向慢慢地重复拨动颈部，边拨边嘱咐患者放松颈部，同时逐渐加大拨动的幅度，当按摩者感到患者颈部肌肉已放松时，将其头颈拨动到最大可能的幅度，然后回旋少许，紧接着用巧劲拨动头颈，使旋转的幅度略超过原来最大拨动的幅度，此时可听到“咔咯”的弹响声。（图5-34）拨颈后患者顿感颈部活动明显改善。拨颈手法中严禁猛然发力，拨动的幅度也不可过大，以免造成颈椎损伤或脱位。

按摩者以食、中、无名三指旋转揉按患者颈后部两侧（图5-35），并嘱咐患者主动进行颈部前屈、后伸、侧屈、环转等动作的练习。对于经常发生落枕症状者，应摄颈部X光线片，如确定有颈椎病者应按颈椎病的治疗方法进行治疗。

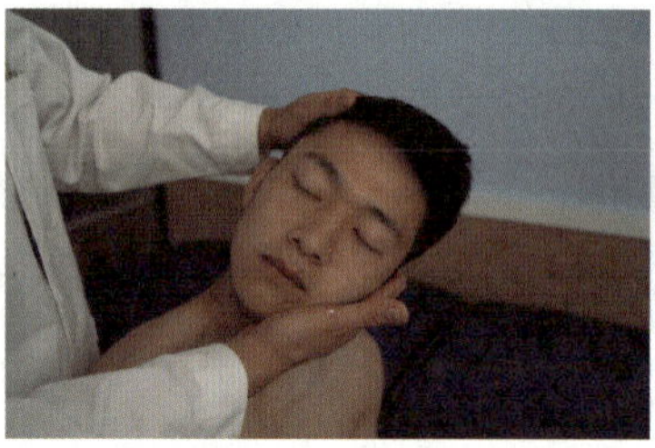

图5-34　拨颈法

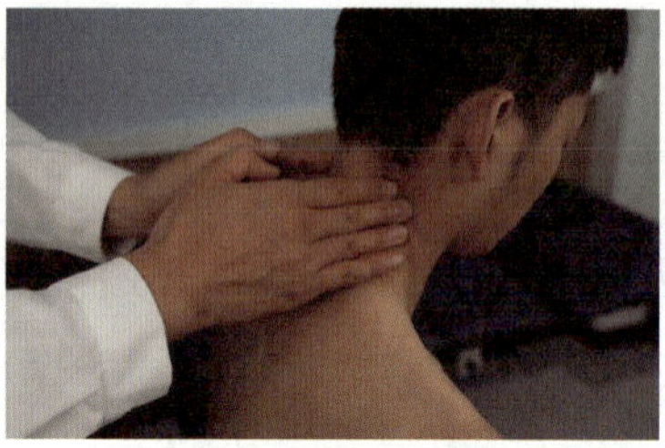

图5-35　揉按颈后部

2. 颈椎病

颈椎病系颈部脊椎及椎间盘的退化性病理改变，使颈神经根、颈段脊髓及其他颈周围软组织受压或刺激，而引起以颈、肩、上肢疼痛、麻木症状为主的一种常见病。

运动员中的颈椎病已被广泛注意，发病的常为体操、武术、游泳、排球、摔跤等运动员。

（1）病因和病理。

退行性病理改变，是引起颈椎病各种临床症状的根本原因。随着年龄的增长，颈椎及其椎间盘的生理功能逐渐减退，劳损及损伤等因素加速了退行性病变过程，故该病多发生于中老年人。

颈椎间盘的病理改变主要是变性。变性的椎间盘组织可以直接压迫、刺激其周围组织。由于椎间盘变性，椎间隙随之变窄，造成脊椎有向后滑脱的趋势，引起椎间孔的前后径变小，使神经根受到挤压。

脊椎的钩突关节发生骨赘，伸入椎间孔压迫神经根，或伸入椎动脉孔内压迫椎动脉，引起脑供血不足的各种症状，如头晕、头疼、昏厥等。

运动员的颈椎病多与颈部长期劳损有关。运动员技术动作上有缺点、保护措施不佳、准备活动不够等原因，有时可造成颈部的损伤。例如，体操运动员做滚翻动作时头部位置不正，滚翻偏斜，团身不好，可造成颈部损伤；跳水运动员跳水时入水角度不好等原因，可造成运动员颈部的损伤。即使是高水平的运动员，在极度疲劳或身体状况不佳时，也有可能出现动作上的失误，造成颈部损伤，使颈椎小关节突的关节囊、韧带受损，甚至引起椎间孔狭窄，压迫神经根，产生神经压迫症状。

长期伏案工作或处在某种特定姿势、缺乏全身性活动的工作，如编辑、文书、教师、作家、绘画、雕刻、缝纫、车工、精密仪器装配及修理等工作，由于颈部活动较少，容易引起颈椎间盘的退行性病变，使颈椎生理前凸变小，甚至椎间隙变窄或颈椎骨质增生。

（2）征象。

一般发病缓慢，初起时大多为间歇性颈、肩部不适或疼痛。随着病程的发展，症状逐渐加重，变为持续性，并出现上肢放射性疼痛麻木。患者常常叙述一侧上肢疼痛，手指麻木，握物无力，经常不自主地从手中失物落地。疼痛可放射至头、耳后、眼后、颈、背、胸、上臂，还可沿前臂放射至手部，有触电、发凉、沉重感。如为椎动脉受刺激或压迫，则患者有眩晕、耳鸣、头昏等症状。当颈部活动到某一位置时，患者可突然眩晕。若颈脊髓受到压迫或刺激，可能出现步态不稳，大、小便障碍，甚至可能引起不同程度的肢瘫、截瘫等症状。

检查时可发现患者颈项发僵，转动不灵活，活动幅度小于正常值。当向健侧转颈、向患侧侧屈、低头时常可引起患侧上肢麻木、疼痛。压痛感多在棘突旁的深部组织，症状典型者压时可出现串痛，并向上肢放射。

臂丛牵拉试验：患者取坐位，颈部略前屈，检查者一只手扶头，一只手握患肢腕部，呈相反方向牵拉，患肢有疼痛及放射麻木感为阳性。

椎间孔压缩试验：患者端坐，检查者将左手掌放于患者头顶部，右手叩打左手背部。叩击的重力向下传至退变的颈椎，成为脊椎向后滑脱的外力，使椎间孔缩窄，神经根受刺激，出现患肢放射性麻痛者为阳性。

病程较长的颈椎病患者，表现为患肢肌张力减弱，握力减退，并可有前臂桡侧背面与拇、食、中指皮肤感觉减退。如有脊髓受压时，可出现病理反射。

（3）临床分型。

颈椎病根据其病变部位及受累组织的不同，可以分为以下几种病型。

颈型：由于退变的颈椎刺激压迫周围的韧带、关节囊而引起损伤性炎症反应，通过颈脊神经后支的反射，出现颈后、肩背部疼痛。

神经根型：由于椎体后面及钩突的骨赘或变性的椎间盘或脊柱滑脱等因素，刺激、压迫相应的神经根，引起该神经节段的放射性疼痛及麻木感，表现为头、颈、肩处有定位性疼痛；上肢可有放射痛，颈部活动范围受限，头部后仰时疼痛加剧，手指麻木，少数患者可出现肌肉萎缩。

椎动脉型：由于钩突骨赘压迫椎动脉或生理弧度改变，脊椎滑脱使椎动脉扭曲等因素，椎动脉供血不足，表现为头晕、头痛，当头部转到某一方位时，有眩晕、恶心、呕吐、耳鸣、听力障碍、患肢发凉、视物不清等症状。

交感神经型：由脊髓上胸段发出交感神经节前纤维进入交感干，以后上升至颈上、中、下神经节交换神经元，其节后纤维进入颈脊神经前枝，随着脊神经的分支分布于血管、腺体及立毛肌等。当发生颈椎病变时，有时刺激到颈交感神经或颈交感神经节，而引起头痛或偏头痛、平衡失调、耳鸣、听力障碍、心前区疼痛、心律失常、视力模糊、多汗或汗闭、面部潮红、肢体发冷、局部皮温下降、发热、血压升高、感觉过敏等症状。

脊髓型：椎体后面较大的骨赘或变性的黄韧带卷入椎管或变性的椎间盘向后突出等压迫脊髓，引起不同程度的痉挛性瘫痪，表现为一侧或两侧上肢麻木、烧灼疼痛感、发抖或无力感，下肢常有运动障碍或感觉障碍，表现为步态不稳、笨拙、发抖、下肢无力、感觉异常等。

临床上多见前三种病型，大多数患者常常以其中一型为主，同时掺杂一部分其他型的症状，成为混合型。颈椎病的诊断一般并不困难，根据临床症状、体征即可做出初步诊断，再做颈部X光摄片检查，即可基本确诊，但有极个别的病例需要做脊髓造影和肌电图检查。

（4）治疗。

颈椎病绝大多数采用非手术治疗。个别脊髓受压或长期保守治疗无效，症状进行性加重的病例可用手术治疗。非手术疗法中，主要采用按摩、医疗练功、颈椎牵引等综合治疗。

颈椎病
治疗按摩

患者取坐位，按摩者立于后方，两手分别放在患者颈部两侧，向下做轻推；当推至颈根部时，两手分别转向两侧肩部，重复数次后，从颈上部向下外侧直到肩胛部进行揉捏和揉（图5-33），反复数遍，以放松颈部肌肉。按摩者用两手拇指指腹协同，自上而下理顺患者项韧带数遍。按摩者用双手提拿斜方肌上缘（图5-36），肩井穴及肩外俞处做重点揉捏，以放松颈部肌肉。

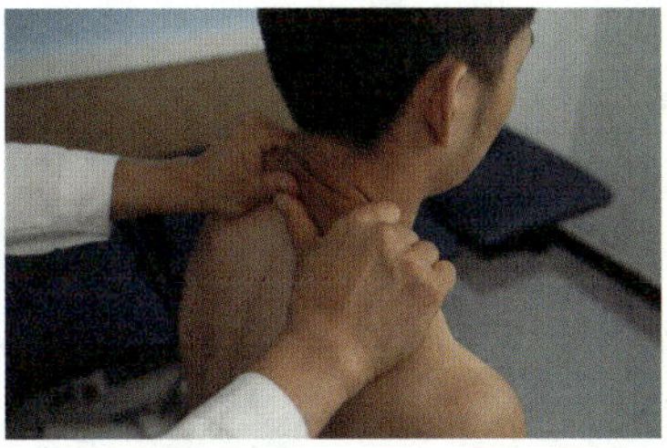

图5-36 提拿斜方肌

按摩者以一只手按压患者头颈部，向前屈颈至最大限度，另一只手拇指与食指捏于第5～6颈椎平面的两侧颈后部肌肉，向中线并向前徐徐捏挤（图5-37）；然后一只手放于患者前额部，向后推其头部，使头后仰，同时另一只手拇指与食指向前推按；然后用一只手将颈部前屈，在前屈的同时用右手拇指与食指向后提拉颈后肌肉（图5-38）；然后用两手大鱼际沿两侧颈后肌肉自上而下揉揉数次。

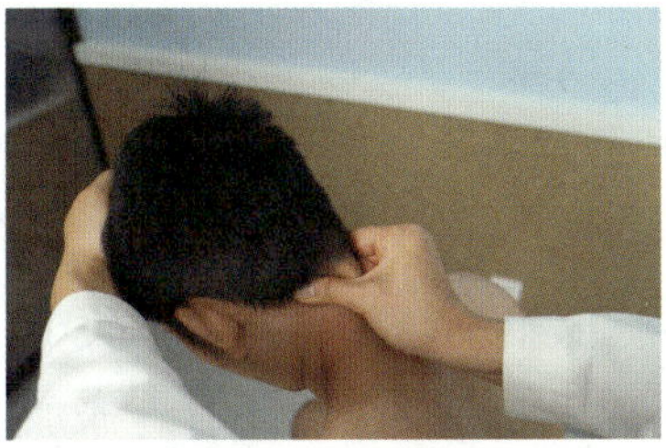

图5-37 颈前屈揉捏，并用右手向前徐徐捏挤

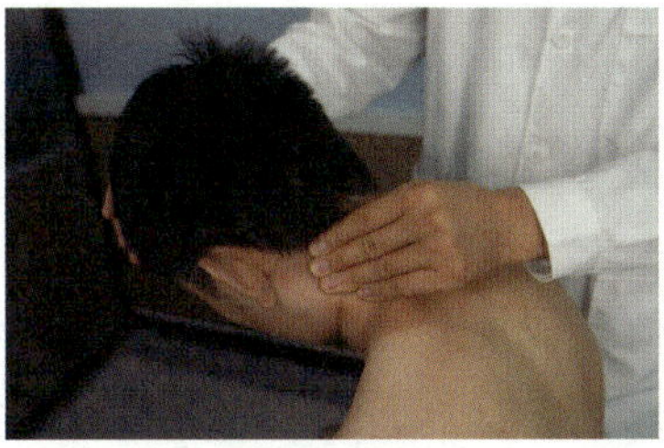

图5-38 颈被动屈伸，配合揉捏法

按摩者立于患者身后，用双手拇指按于患者枕后隆突的两侧下方，中指与食指放于两侧颧骨弓下缘，无名指扶于下颌骨体，小指在下颌骨下方，逐渐用力向后上方牵伸颈部。（图5-39）对于有手臂麻木症状者，可在患者上臂内侧弹拨神经干，使麻电感传至手指。（图5-40）

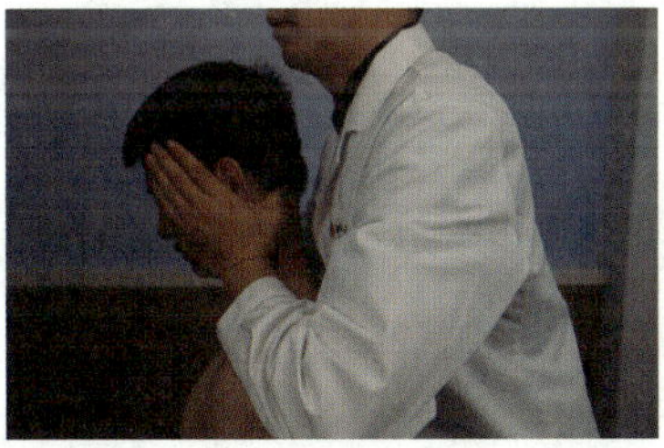

图5-39 颈部牵伸法

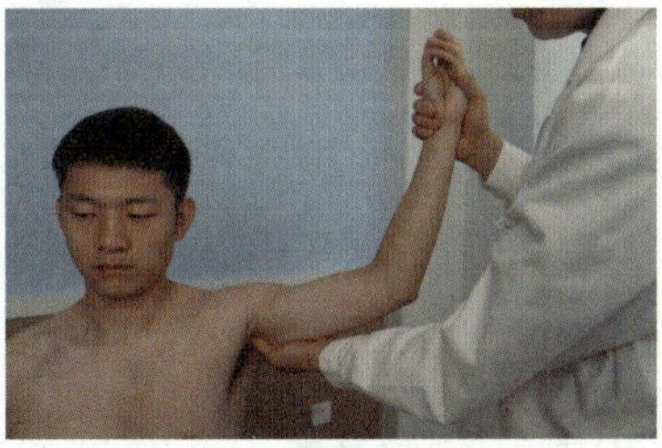

图5-40 弹拨神经干

对于有颈椎椎间关节错位、棘突偏歪的患者，冯天有倡导的旋转复位法有较好的疗效：首先按顺序触摸患者的颈椎棘突、棘突间隙及项韧带情况，找出高起或偏歪的棘突。让患者端坐，颈部自然放松，颈部旋转受限侧主动旋至最大角度。按摩者一只手拇指顶推高起的棘突，其余四指扶持颈部；另一只手掌心对准下颌，五指握拿下颌骨。施术时抱头的手向直上牵提和向受限的一侧旋转，与此同时，另一只手拇指向颈前方轻微推顶棘突高

隆处（图5-41），多可听到一响声，指下棘突轻度位移，已觉对缝。叮嘱患者头颈部处中立位，触诊错位的棘突多已恢复正常。

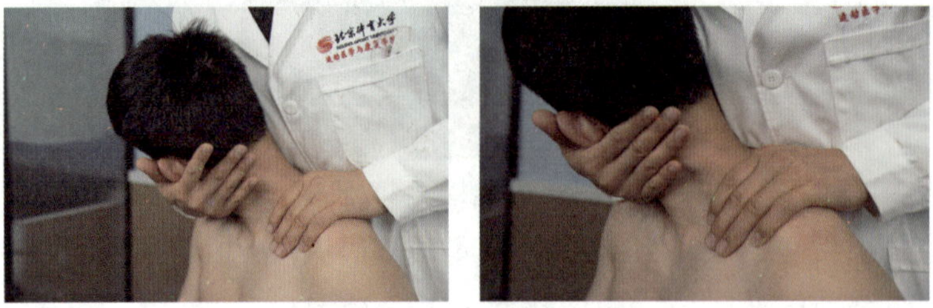

图5-41　颈椎旋转复位法

除按摩治疗外，还应叮嘱患者主动进行颈部前屈、后伸，左、右侧屈及环转练习，颈部的活动范围应逐渐增大，并且坚持长期锻炼，这是取得效果的关键。中老年人进行颈部活动锻炼时，动作不可过快，以免造成头晕。

配合必要的颈椎牵引，也是颈椎病综合治疗的措施之一。

3. 岔气

岔气是由于在一种不正确的姿势下，扭转胸部躯干，伤及胸廓的关节、软组织，而引起胸部疼痛，造成胸式呼吸活动受限的一种损伤。患者呼吸活动时疼痛加重，故尽量减少呼吸幅度，因此有效通气量下降，胸肋闷胀，故民间以“岔气”命名。

（1）病因和病理。

身体扭转不当而发病。体育运动中，在身体不大协调的情况下，突然扭转胸部、躯干，伤及胸廓的关节及软组织而发病。一般认为，本病由肋椎关节发生滑膜嵌顿或关节错位引起。肋椎关节包括肋小头关节和肋横突关节，它们均为平面关节。此两个关节的关节囊均较松弛，在身体扭转的过程中，关节的活动不在一个平面上，造成某一方位的关节间隙张开，而使松弛的关节滑膜嵌入其中。关节滑膜有感觉神经末梢，对痛觉灵敏，故嵌入后即刻引起疼痛，并发生急性损伤性病理反应。

举重、掷铅球、跳跃等运动项目，有的运动员在深吸气后屏气发力，如用力过猛、动作不协调，容易产生“岔气”的症状。球类运动中，胸部被人冲撞，跳水时入水角度不好，胸壁被水面拍击，武术对打中，胸部被拳或棍棒击伤，造成胸壁挫伤，均可产生与岔气相似的症状。

（2）征象。

患者多有扭转不当的病史，扭转后突感一侧的胸肋部胀痛，转侧困难，不敢咳嗽或深呼吸；有的患者尚有沿肋间方向由背部向胸前部放射性疼痛。检查时可发现受累关节处有压痛，牵拉患侧上肢时也常引起疼痛。

（3）治疗。

患者取坐位，按摩者站于其侧后方。用手掌推和擦摩患处数次，以解除肌肉痉挛。取伤部附近的足太阳膀胱经穴位、夹脊穴自上而下用拇指指腹揉按并点穴。用两手手掌沿患者肋间隙由后向前顺理，以减轻疼痛。

患者坐于矮凳上，按摩者站于其患侧后方，双手分捏患肢的五个手指，并使患者手掌向前；然后，按摩者紧握患侧的手，由下向内而上地连续做圆形环转，连续循环数转，待患肢肌肉已放松时，趁其不备，按摩者突然用劲将患肢向上提拔。（图5-42）拔伸后患者疼痛感减轻、呼吸舒畅即手法成功。按摩者一只手持患侧上肢，使之被动举起，另一只手由后向前，沿着肋间隙横推胸部（图5-43），使气血消散，疼痛缓解。按摩后应适当休息，避免负重，也可以配合超短波或红外线等理疗。

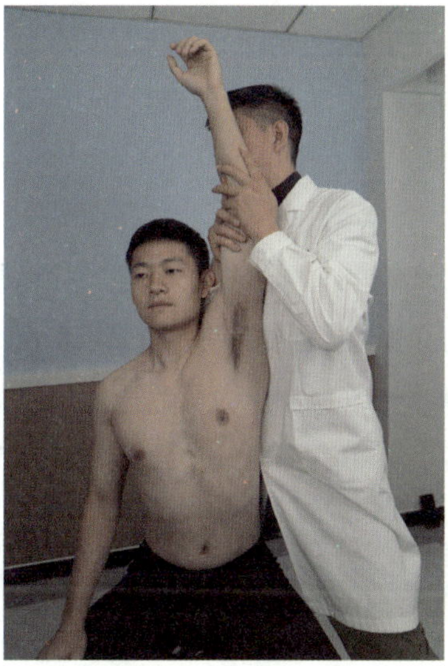

图5-42　上肢拔伸法

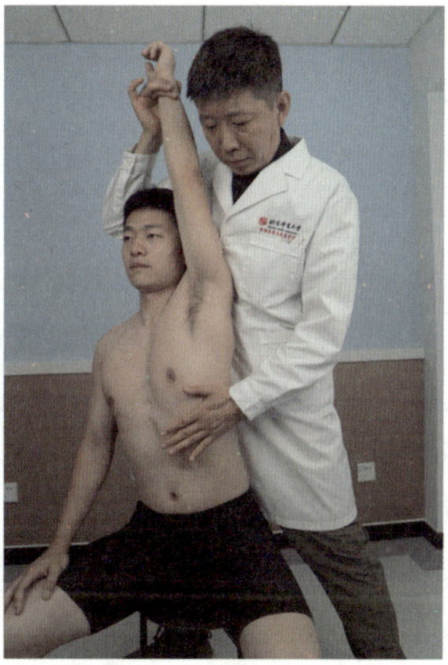

图5-43　横推胸肋部

4. 腰椎间盘突出症

椎间盘发生退行性病变，再因某种原因使纤维环部分或完全破裂，连同髓核一并向外膨出，压迫神经或脊髓，引起一系列神经症状者称为椎间盘突出症。

椎间盘突出症可以发生在颈段和腰段，其中腰段发生率最高。该症是下腰痛的重要原因之一。在运动员中多见于举重、跨栏、投掷及体操运动员。约60%的患者有举抬重物或剧烈运动的外伤史。

（1）病因及损伤肌理。

椎间盘由髓核、纤维环、软骨板3部分组成，是一个弹性软垫，椎间盘的总厚度约占脊柱全长的1/4。椎间盘本身无营养血管，其营养来源于椎体海绵组织的渗透作用，因此容易变性。

椎间盘的纤维环由纤维软骨构成，其纤维的深浅层呈束状方格样排列。纤维环的后部比较薄弱。30岁左右时，纤维环开始退行性改变，长期剧烈的腰部活动，可引起邻层纤维在交叉处互相摩擦，加速纤维环的变性，甚至导致纤维破裂，并可在纤维层之间发生向心性裂隙。有这种病理变化的人，即使在一次较轻的扭伤后，也可导致纤维环破裂，椎间盘髓核突出。

腰椎间盘突出症多发生在下腰部，其原因是：椎体承受的压力，自上而下逐渐加重，下腰部承重最大；下腰部纤维环后部较薄，易破裂；因腰椎的弧度是前突，髓核位置本来偏后，当向前弯腰时，椎间盘所承受的压力前大后小，迫使髓核后移，易将薄弱的纤维环挤破而突出。上述解剖生理特点是腰椎间盘突出症的内在因素，如果外加损伤暴力，则易发病，常有腰部屈曲加旋转的外伤史，在体育运动中多见于举重、跨栏、投掷和体操运动员。近年来，由于竞技水平的提高，运动员竞争日趋激烈，有些运动项目运动员腰椎间盘突出症的发生率有所增加。例如，排球普遍提高了拦网水平，进攻队员为了避开拦网，有时要在跳起时突然转身，改变扣球的方向，这样就增加了损伤腰部的概率；摔跤、柔道等项目运动员腰椎间盘突出症的发病率也有所增加。

（2）病理。

椎间盘髓核多向一侧的后外侧突出，压迫该侧的神经根或马尾，引起局部充血、水肿等无菌性炎症变化，进而形成黏连式神经变性、炎症性化学物质的刺激和突出物的机械性压迫，这是引起腰痛和根性坐骨神经痛的病因。另外，髓核突出、椎间隙变窄，也相应地使小关节和它的韧带改变了正常的关系，引起小关节炎，这也是产生腰痛的原因。保护性抗痛姿势和脊柱力学的内在平衡被破坏，引起脊椎变形，进而导致椎间韧带的牵扯损伤。疼痛引起腰肌保护性痉挛，痉挛又会加重脊柱的变形，因此腰椎间盘突出症患者多有脊柱侧弯。

少数椎间盘髓核突出，向后方正中突出，突向椎管内，形成中央型椎间盘突出症，出现两侧神经根或马尾受压的症状，严重者可出现大、小便功能障碍。

（3）征象。

剧烈的下腰痛和下肢放射痛。大多数患者一侧有症状，少数患者两侧同时有症状，但一轻一重。患者多在腰部扭伤后先有腰痛，后有腿痛。也有些患者没有明显扭伤史，突感腰痛，以后出现下肢放射痛。疼痛多向臀部、大腿、小腿及足部放射。咳嗽、喷嚏和大便用力时都会使疼痛加重。卧床休息常能让疼痛减轻，患者常取特殊的卧位姿势以减轻疼痛。另外，腿疼一般会影响站立和行走。

大多数患者脊柱有明显的S形侧弯，腰部正常前凸曲线消失，板平或轻度后凸。

椎板间隙旁有压痛，并可向下肢放射。患椎棘突位置偏歪。小腿及足部的外侧或后侧多有感觉障碍。

直腿抬高勾脚试验呈阳性：当被动抬腿并勾脚时，有麻痛，并传向小腿和足部。摄腰部X光线片，正位片可显示某一椎间隙一边宽一边窄；侧位X光线片显示受伤椎间隙前窄后宽。

（4）治疗。

绝大多数腰椎间盘突出症患者可以经以按摩为主的保守治疗使症状缓解或治愈。对于使用保守疗法久治不愈者，特别是出现马尾神经症状，大、小便失禁或有下肢麻痹（如不能伸踝和伸拇指者）应考虑手术治疗。

按摩治疗步骤如下：让患者取俯卧位，先在腰背部用推、揉、㨰等手法进行按摩，以缓解肌肉痉挛和疼痛；在肾俞、大肠俞、膀胱俞、八髎、志室、秩边、腰夹脊、环跳等穴位处进行穴位按摩；在患者胸部和耻骨部垫枕（其厚度以腹壁刚离床面为宜），与助手两人分别牵拉患者腋部和踝部，对抗牵拉5分钟左右，在维持牵拉的情况下，按摩者双手重叠按压震动受伤的腰骶部，按压后立即松手，但手不离开皮肤，患者腰部随之上下震动，每分钟按压120次左右，持续按压1～2分钟。（图5-44）令患者把住床沿，放松肌肉，按摩者双手握住患者两踝部，用力牵拉，并上下抖动数次。（图5-45）

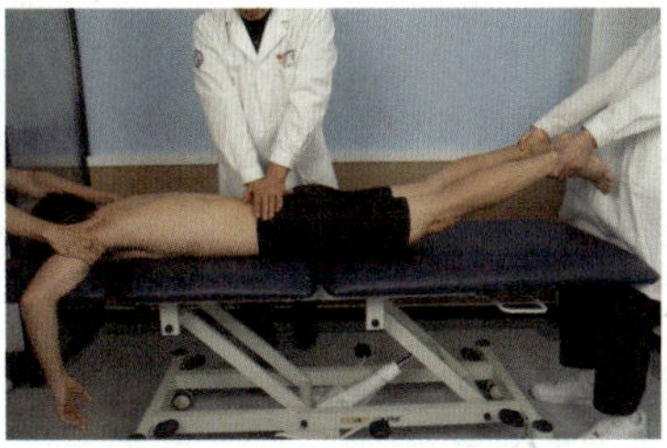
图5-44　腰部牵拉按压法

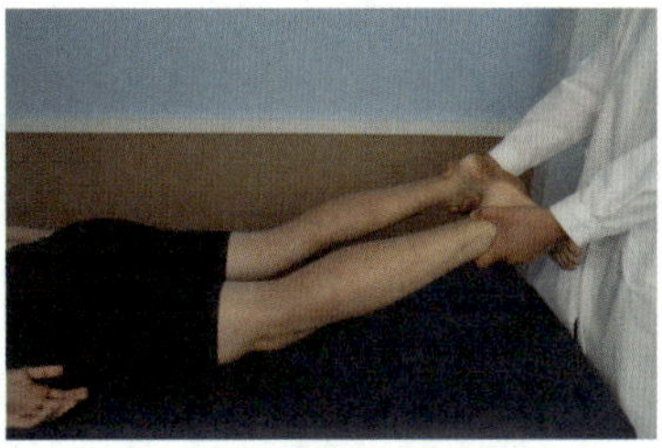
图5-45　牵抖下肢法

为了保证髓核有效地还纳，可以采用冯天有倡导的腰椎旋转复位法。方法是让患者端坐于方凳上，两脚分开，与肩等宽，按摩者坐于患者对面，先用双拇指触诊法查清偏歪的棘突。以患者棘突向右偏歪为例，按摩者右手自患者右腋下伸向前，掌部压于颈后，拇指向下，其余四指扶持左颈部（患者稍低头），同时叮嘱患者双脚踏地，臀部正坐，不准移动；助手面对患者站立，并用两腿夹住患者左大腿，双手压住左大腿根部。按摩者左手拇指扣住偏向右侧的棘突，用右手拉患者颈部，使其体前屈60°～70°或略小，继续向右侧弯（尽量大于45°），在最大侧弯位，医生右上肢使患者躯干向后内侧旋转，同时左手拇指顺向向左上顶推棘突（根据椎间隙不同，拇指可稍向上或向下），立即可觉察到指下椎体轻微错动，往往伴随“咔啪”一声（图5-46）；再用双手拇指自上而下将棘上韧带理顺。

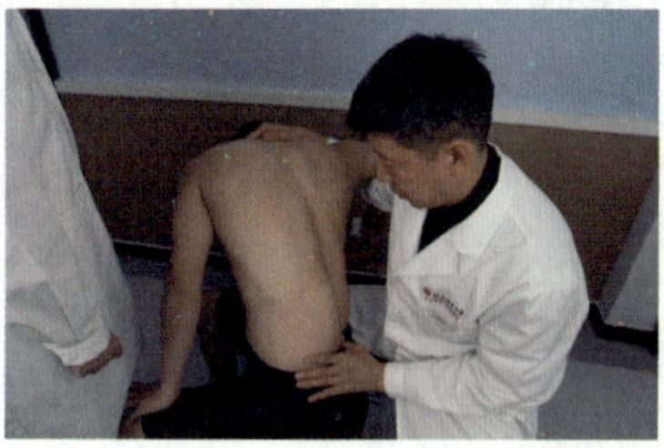

图5-46　腰椎旋转复位法

复位手法后，再让患者俯卧位，做揉、滚、推等，以松解腰背肌及筋膜。点压环跳、承扶、殷门、委中、承山、风市、阳陵泉、昆仑等穴位，以减轻患侧下肢的症状。按摩后应适当卧床休息，最好卧硬板床休息10天左右。若下床过早，髓核可能复发脱出。卧床期间可用中草药湿热敷或做理疗。患者应加强腰背肌力量练习。

（二）四肢

1. 肱二头肌长头肌腱腱鞘炎

肱二头肌长头肌腱起于肩胛骨的盂上粗隆，经过肩关节，向下越过肱骨头，从关节囊穿出，进入结节间沟，沟的前侧有横韧带覆盖，防止肌腱滑脱，形成一个骨韧带通道，腱鞘长约5厘米。肩关节活动时，肌腱在沟内滑动，尤其外展外旋时，滑动范围最大，因而容易损伤。该病多见于标枪、吊环、单杠、举重及排球等项目的运动员。

（1）病因和病理。

肩关节长期的超常范围的转肩活动（如吊环、单杠、高低杠中的转肩），使肱二头肌长头肌腱不断地在结节沟中横行或纵行滑动，反复摩擦而致伤；少数运动员因一次突然的牵扯致伤。

臂上举后又突然后伸，也可以使肱二头肌长头肌腱在结节间沟内受到摩擦，多次反复也可致伤。

肱二头肌长头肌腱产生创伤性炎症之后，表现为腱鞘水肿、变红与肥厚，肌腱变黄、色泽粗糙与纤维变异。在腱鞘与肌腱之间，有时有纤维黏连。

（2）征象。

局部疼痛，尤以肱二头肌用力收缩（屈肘、提物）时更为明显，疼痛可向上臂的前方和三角肌下放射。结节间沟处（肱二头肌长头肌腱处）有剧烈压痛。肩关节活动受限，上臂外上举再向后伸做反弓时疼痛。

（3）治疗。

急性期应停止训练，用三角巾将上肢悬吊，2～3天局部可用中药熏洗，并以轻手法按摩。急性期过后，才可逐渐进行肩部回转练习。用醋酸强的松龙12.5毫克加2%盐酸普鲁卡因2毫升做局部封闭，可以收到较好的效果，封闭次数不宜过多，以免影响肱二头肌肌腱，造成肌腱断裂。

按摩治疗可以收到较好的效果，是保证运动员坚持训练的重要手段。其方法如下：让患者坐于方凳上，按摩者一只手握住患侧上肢腕部，使上臂外展，用另一只手拇指指端在患部结节间沟处（肱二头肌长头肌腱处）做拨筋（图5-47），使肌腱与腱鞘之间的黏连得以松解。再用双手拇指顺着肱二头肌长头走行的方向从上至下理筋数遍。按摩者站于患者患侧侧后方，用一只手拇指点压在肩贞穴上，其余四指按压肱二头肌长头肌腱处，另一只手握患者患侧上肢腕部，拉动患者患侧上肢做屈、伸、内收、外展、环转等活动。（图5-48）按摩者两手应协同配合。

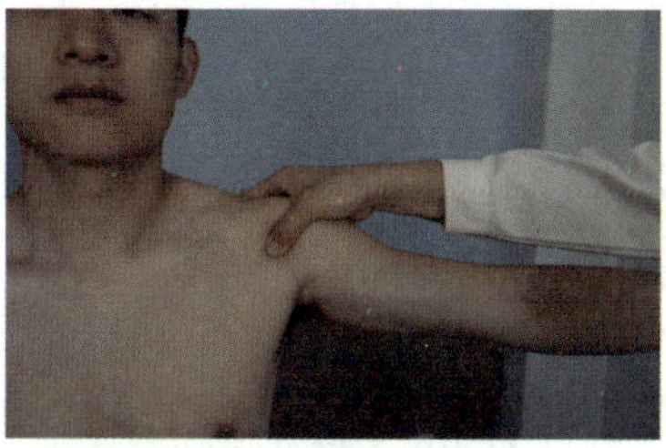
图5-47 肩部拨筋法

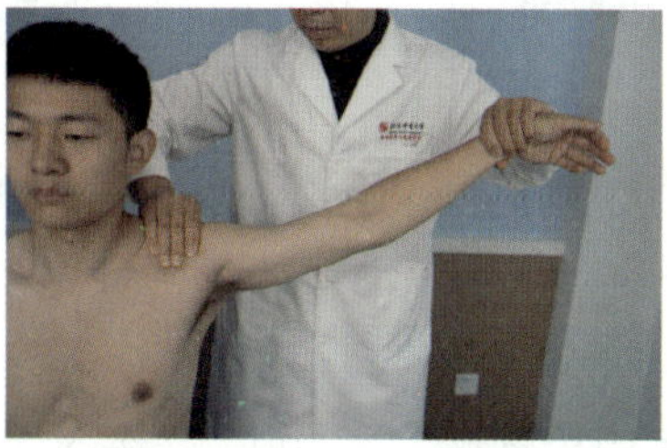
图5-48 运拉患侧肩关节

按摩者站于患者患侧上肢侧面，用肩部抡摇法（图5-49）协同患者进行肩关节环转。自上而下反复揉捏肩部及上臂肌肉，并在肩髃、肩髎、臂臑、肩贞、曲池、尺泽、曲泽等穴位进行按摩，以疏通经络气血，缓解症状。

在治疗的同时，应合理安排训练，防止肩部负荷过多，运动前做好准备活动。

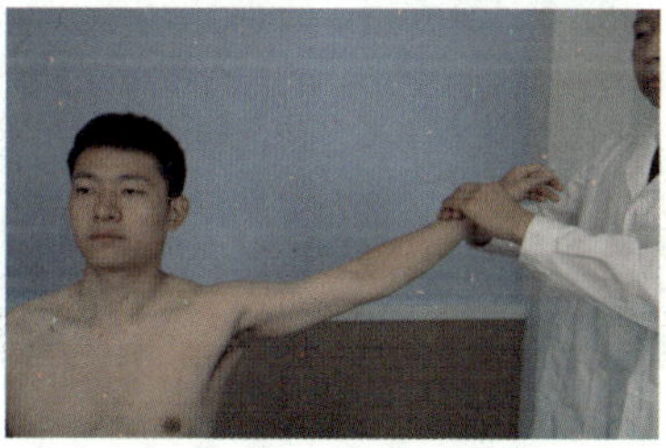
图5-49 抡摇肩关节

2. 桡骨茎突部腱鞘炎

桡骨茎突部腱鞘为拇短伸肌及拇长展肌总腱鞘，在桡骨茎突的外侧有一窄浅不平的腱沟，沟面走行着腕背韧带，两条肌腱被约束在同一狭窄不平而较坚硬的骨韧带通道内，因管腔狭小且无弹力，当两个肌腱在同一狭窄坚硬的腱鞘内行走，反复牵拉并相互摩擦，久而久之容易因磨损发生腱鞘炎。

（1）病因和病理。

运动时桡骨茎突部腱鞘受到反复摩擦而引起损伤性炎症。例如，举重运动员举杠铃锁腕、小口径步枪射击时的托枪动作，都有手腕背屈并向桡侧倾斜，使拇短伸肌与拇长展肌肌腱在桡侧茎突部弯曲约105°，并在狭窄的管腔内来回滑动，不断摩擦，从而引起该肌腱腱鞘炎。

主要病理变化是腱鞘肥厚、无弹力，且紧紧包压肌腱。肌腱与腱鞘之间有时有轻度黏连，患病较久者肌腱可肥厚，呈梭形，病理切片显示慢性炎症改变。

（2）征象。

症状：桡骨茎突处疼痛，且呈慢性进行性加重，疼痛可向肩、肘部和全手放射，造成拇指及腕部运动障碍。

查体：桡骨茎突处有轻度肿胀和压痛，皮下可触及一腱鞘肥厚发硬的肿块，严重者在伸和外展拇指时，桡骨茎突处可触及摩擦音，少数有弹响。病程长者，大鱼际有轻度萎缩。

如屈拇握拳尺偏试验呈阳性，可以诊断为本症。检查方法是：让患者用患手紧握拇指；检查者将手腕向尺侧扳动，如果桡骨茎突部发生锐利痛楚为阳性。

（3）治疗。

局部热敷或用中药熏洗，并配合按摩治疗，往往可以收到较好的效果。按摩手法如下：让患者取坐位，患肢前臂下垫以软物或薄枕，在前臂背侧和桡侧做推、擦摩、揉、滚等，以放松前臂肌肉。自桡骨茎突部起用拇指指腹顺着肌腱走行方向做推和擦摩；用双手拇指做左右相对的推揉（图5-50），以松解肌腱与腱鞘之间的黏连，推揉后做理筋，以理顺肌腱；做腕关节运拉。（图5-51）搓、揉前臂，放松肌肉。

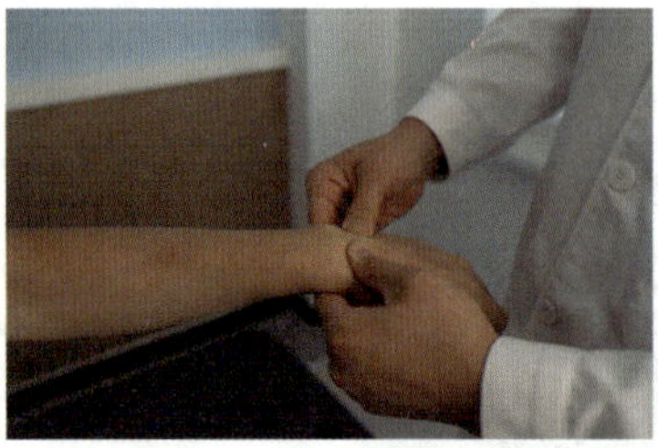

图5-50　拇指相对推揉

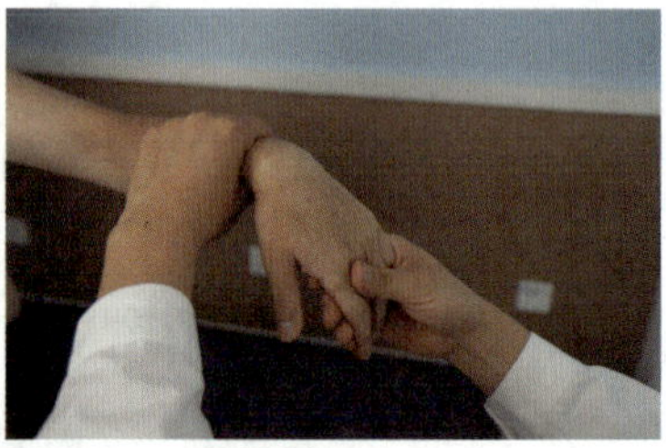

图5-51　腕关节运拉手法

做腱鞘内注射也可收到较好疗效。晚期病例黏连严重，经保守治疗无效，也可采用手术治疗。

3. 指间关节扭挫伤

指间关节扭挫伤是运动员最常见的损伤，尤以篮球、排球运动员较多见。指间关节扭挫伤可引起韧带损伤，关节囊撕裂，严重者可产生关节脱位。

（1）病因。

多系手指受到侧方的外力冲击而致伤。例如，篮球、棒球运动中运动员手指被球撞击，接球技术动作错误很容易使手指受伤，球沾水变湿增加重量也容易使手指受伤。这些皆可引起侧副韧带或关节囊损伤，甚至产生关节脱位。

（2）征象。

受伤的指间关节肿胀，疼痛剧烈、功能障碍，局部有压痛。韧带断裂时，做直指侧向（健侧）运动检查，有异常活动现象；关节脱位时有畸形，功能丧失。指间关节脱位可伴发指骨基底骨折，X光线检查可助确诊。

（3）治疗。

单纯指间关节扭挫伤，伤后可用粘膏支持带固定。48小时后，可以用轻手法按揉，手法如下：让患者取坐位，按摩者坐或站于对侧，用拇、食两指揉损伤的指间关节。用拇指指腹推摩指间关节两侧，以理顺侧副韧带。用指关节运拉法运拉受伤的指间关节。按摩后将伤指与邻近的健指用粘膏支持带固定在一起。（图5-52）

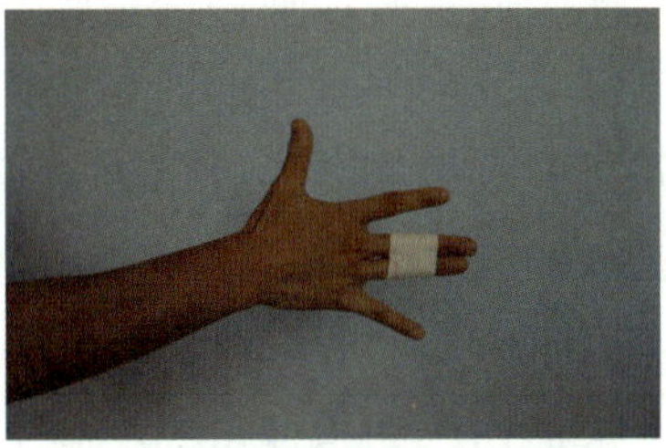

图5-52　指间关节挫伤的粘膏固定法

有指间关节一侧侧副韧带损伤者，宜采用铝制夹板将患指屈曲固定3周，然后练习活动。有侧副韧带断裂者，应尽早进行手术治疗。有关节脱位者应整复脱位。

4. 膝侧副韧带损伤

膝侧副韧带损伤在运动损伤中比较多见，尤以足球为多，其次为滑冰、滑雪、篮球、排球、跳高、体操等项目。

膝关节由股骨、胫骨和髌骨构成。它是全身最大的关节，其关节面浅而宽，属屈戌关节，主要依靠关节内外韧带的紧密连接来维持关节的稳定性，使关节坚强有力。侧副韧带主要防止关节向侧方移位，其中以内侧副韧带尤其重要。

内侧副韧带为内收肌的延续部分，宽而长，形状如扇。其分为前后两股，前股也称前纵部，长而扁平，起于股骨内收肌结节，止于胫骨上端内侧面，其深部纤维与内侧半月板相连。后股纤维呈斜形，分为后上斜部和后下斜部，起于前纵部浅层的后缘，止于胫骨上端后内缘及内侧半月板的后缘，所以内侧副韧带断裂时，可合并内侧半月板损伤。

外侧副韧带呈束状，起于股骨外髁的外侧，止于腓骨小头的尖端和外侧部，在外侧副韧带和外侧半月板之间，有腘肌腱相隔，故不与外侧半月板相连，当外侧副韧带断裂时外侧半月板不易受伤。

（1）病因与病理。

内侧副韧带损伤：内侧副韧带有调节运动和稳定膝关节的作用，其紧张度随膝关节角度的变化而改变。当膝关节完全伸直时，韧带的各部纤维均紧张，膝关节完全屈曲时，韧带的前纵部纤维紧张，后部纤维松弛，能限制膝关节外翻和胫骨的旋转活动，当膝关节在屈曲位（130°～150°）时，韧带各部纤维皆较松弛，胫骨可有较大的外展和旋转活动，内侧副韧带保护力量弱，膝关节稳定最差，容易造成损伤。当膝关节屈曲在130°～150°时，小腿突然外展外旋或足和小腿固定，大腿突然内收内旋，使膝关节过度外翻，易导致内侧副韧带损伤。例如，足球运动中的“两人对足”，或跳马落地时两腿没有并拢失去平衡而跌倒，或膝关节外侧受到直接暴力冲击，均可造成膝内侧副韧带损伤。如果力量较小，只限于内侧副韧带纤维的过度牵扯或部分断裂，韧带仍保持原有的连续性；如果力量过大，除内侧副韧带完全断裂外，还可合并内侧半月板和十字韧带损伤，甚至胫骨内髁撕脱骨折。

外侧副韧带损伤：膝关节外侧副韧带有加强和保护膝关节外侧部的作用。膝关节伸直时，韧带紧张和髂胫束一起控制膝关节的内翻活动。当膝关节屈曲时，韧带松弛，关节才有一定的内翻活动。由于膝内侧受到直接暴力的机会较少，加之外侧副韧带较坚固，其外面又有髂胫束保护，故外侧副韧带损伤的发生率比内侧低。

当膝关节屈曲时，小腿突然内收内旋，或者足和小腿固定，大腿突然外展外旋，使膝关节过度内翻，可发生外侧副韧带损伤，如足球运动中膝关节内侧突然受到冲撞，或者跳马（箱）落地不稳使身体向侧方摔倒等，可使韧带扭伤或完全断裂。如损伤较重时，可伴有关节囊、腘肌腱及腓总神经撕裂，甚至伴有腓骨小头骨折。

（2）征象。

侧副韧带损伤：伤部疼痛、压痛、轻度肿胀，膝关节功能无明显障碍。侧副韧带紧张试验呈阳性，即当膝关节伸直，因韧带紧张，伤部疼痛，膝关节半屈曲时韧带松弛，疼痛消失。

部分断裂：伤部疼痛较重、压痛、明显肿胀，活动受限，膝关节维持在半屈曲位，轻度跛行。若伴滑膜损伤，有关节积液或浮髌现象。膝关节侧扳试验呈阳性（膝关节伸直固定，小腿外展，膝关节疼痛或有轻度松动感，则为内侧副韧带部分断裂，反之，为外侧副韧带部分断裂）。

完全断裂：伤部剧痛、肿胀、大面积瘀斑、跛行，关节有不稳感，功能明显障碍或丧失；膝关节维持在屈曲位，伤部可触及韧带断裂的凹陷，膝关节侧扳试验除出现疼痛外，还有明显松动感和异常活动。

（3）治疗。

侧副韧带损伤：局部外敷消肿止痛的中草药制剂（如新伤药），并内服七厘散等中成药。24～48小时后伤部可采用以下按摩手法：患者取仰卧位，按摩者站于其身侧，用双手掌擦摩和揉膝关节周围数次。（图5-53）在受伤的侧副韧带处自上而下用双手拇指做理筋，使损伤的侧副韧带理顺、舒展。按摩者用双手自患者小腿中部起向大腿方向做揉捏；在血海、阴陵泉、阳关、阳陵泉等穴位用点穴手法。

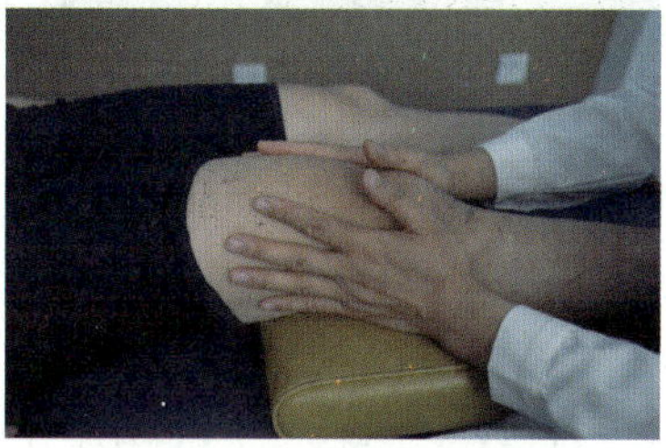

图5-53 双掌揉膝关节

侧副韧带部分断裂：早期局部冷敷，加压包扎，抬高患肢，固定膝关节于微屈位1～3周，48小时之后可做轻按摩手法，方法可参照侧副韧带损伤。

侧副韧带完全断裂者，一旦确诊，应尽早手术缝合，否则会影响关节的稳定性。

5. 小腿肌肉痉挛

肌肉痉挛俗称抽筋，是肌肉不自主的强直收缩。运动中最易发生痉挛的肌肉为小腿腓肠肌，其次是足底的屈拇肌和屈趾肌。

（1）病因。

寒冷的刺激：在寒冷的环境中运动时未做准备活动或准备活动不充分，肌肉受到寒冷刺激后，兴奋性增高，即可发生痉挛。例如，游泳时受到冷水刺激，冬季户外锻炼时受到冷空气刺激，都可引起肌肉痉挛。

大量排汗：运动员急性减体重，或者参加较长时间的剧烈运动，特别是夏天，身体会大量排汗，由于电解质的大量丢失，肌肉的兴奋性增高，易发生肌肉痉挛。在举重、摔跤、长跑、足球、篮球运动中，有时也因此种原因发生肌肉痉挛。

肌肉连续收缩过快：在训练或比赛中肌肉过快地连续收缩，放松时间过短，以致收缩与放松不能协调地交替，引起痉挛。在自行车和短跑运动的新手中可以见到这种现象。

疲劳：运动时身体疲劳可以影响肌肉的正常功能，特别是在局部肌肉疲劳的情况下，做一些突然紧张用力的动作，有时可以引起肌肉痉挛。

（2）征象。

痉挛处肌肉坚硬，疼痛难忍，而且一时不易缓解。

（3）处理。

牵引痉挛的肌肉数分钟，一般即可使痉挛的肌肉得以缓解。例如，腓肠肌痉挛，可伸直膝关节，用力将足背伸（图5-54）；屈拇肌和屈趾肌痉挛，用力将足和足趾背伸。牵引时用力宜缓，不可用暴力。待肌肉痉挛缓解后，让患者取俯卧位，用揉捏、挤压、推等手法使小腿肌肉进一步放松，并在委中、承山、昆仑、涌泉等穴位处进行点穴治疗。

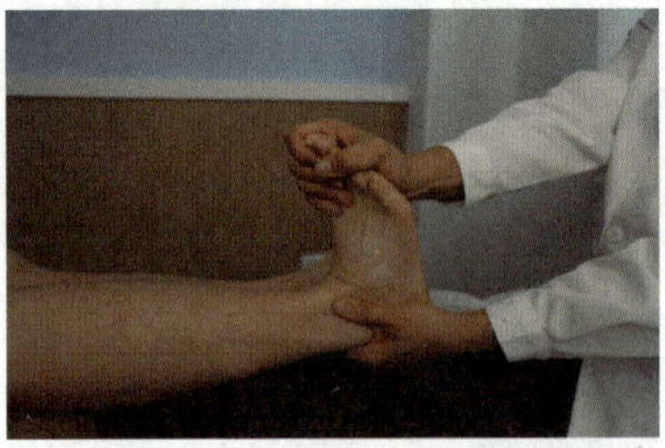

图5-54　用力将足背伸

如在游泳中发生腓肠肌痉挛，不要惊慌，先吸一口气，仰浮于水面，用抽筋肢体对侧的手抓住抽筋肢体的足趾，用力向身体方向拉，同时用同侧的手掌压在抽筋肢体的膝关节上，帮助将膝伸直，即可缓解。上岸后再按摩抽筋处，手法同前。

6. 踝关节扭伤

踝关节扭伤非常多见，占关节韧带损伤的首位，在球类、田径、滑雪、体操、跳伞等项目中多见。

（1）病因。

根据解剖特点，足的屈肌力量比伸肌大，内翻肌力量比外翻肌大，加之外踝比内踝长，内侧三角韧带比外侧的3条韧带坚强，因此，内翻比外翻的活动度大。此外，距骨体前宽后窄，当足跖屈时，踝关节较不稳定，较易损伤。

运动中，由于某种原因身体失去重心，跳起落地时踩在别人脚上或在运动中脚被踩、被绊，使足内翻，导致踝的外侧韧带损伤，轻者多损伤距腓前韧带，严重者跟腓韧带或距腓后韧带也可断裂，甚至合并小的撕脱骨折。如果落地姿势不正确，身体重心向内侧偏移，使踝关节突然外翻，会导致踝内侧三角韧带损伤。场地不平、雨天地面滑、准备活动不足、极度疲劳协调性不好时，都容易导致踝关节扭伤的发生。

踝关节扭伤严重者，可发生韧带断裂，或者伴胫腓下联合韧带损伤和撕脱骨折，以致胫腓下关节分离，距骨内外侧移位。

（2）征象。

多有踝关节扭伤史，伤后踝关节内侧或外侧疼痛、肿胀，活动受限、行走困难或跛行。重者足有内翻或外翻畸形，足背与踝部有皮下瘀斑，且局部压痛明显；踝关节被动内、外翻，疼痛加重。

韧带完全断裂者，则踝关节稳定性差或出现踝关节异常活动。怀疑有骨折时，可拍摄X光线片协助诊断。

（3）治疗。

韧带扭伤或部分断裂者：伤后立即给予冷敷、加压包扎、抬高患肢，并适当固定休息，外敷新伤药；损伤较重者，将损伤韧带固定于松弛位。

48小时后，可在踝关节周围做以下按摩手法：患者取仰卧位，按摩者坐于其身侧对面，用手掌或拇指指腹由踝的远端向近端做轻推、轻摩，以达到活血散瘀的目的。按摩者用拇指指端在患者伤部肿胀处自远心端向近心端切压皮肤数次。（图5-55）在压痛处指切时，用力必须轻而缓慢，以免加重疼痛。在伤处周围做揉、揉捏、擦等，以疏通经络、活血止痛；在绝骨、丘墟、昆仑、太溪等穴位进行点穴治疗。按摩者用一只手的拇、食二指分别夹持在商丘穴和丘墟穴；另一只手握足趾部，在跖屈位做牵引，并在牵引下使足左右轻轻摇摆和内、外翻数次（图5-56），而后做背伸、跖屈，同时夹持踝关节的拇、食二指下推、上提内外踝（背伸时下推，跖屈时上提）。如此反复数次，被动活动的幅度应由小渐大。

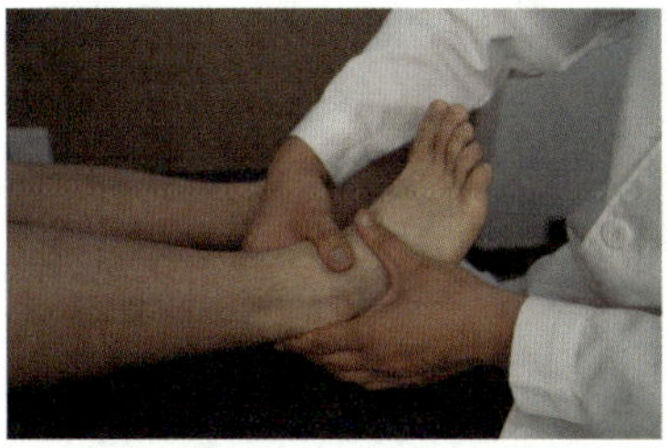

图5-55　踝关节切压皮肤

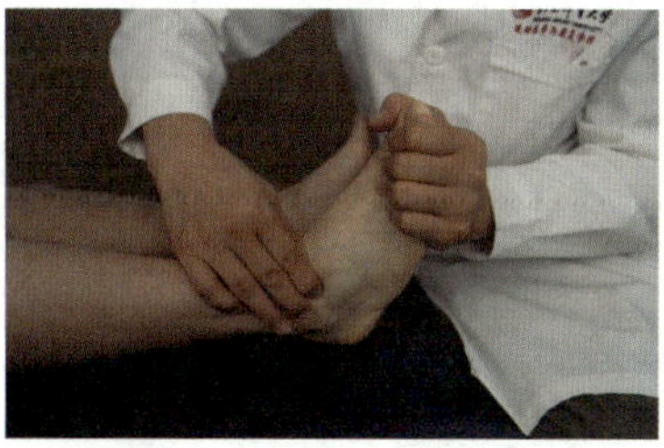

图5-56　踝关节摇动屈伸法

韧带完全断裂者，需固定4～6周，解除固定后配合理疗、按摩、中药熏洗和功能锻炼。如果踝关节双侧韧带均断裂，以手术修补为宜。

本章小结

本章介绍了如何用按摩的方法治疗一些常见的肌肉、韧带、肌腱等的损伤。

躯干部损伤包括急性腰损伤、腰背部肌肉筋膜炎、落枕、颈椎病、岔气、腰椎间盘突出症等。

四肢损伤包括肩袖损伤、肱骨外上髁炎、大腿后部屈肌拉伤、髌骨劳损、肱二头肌长头肌腱腱鞘炎、桡骨茎突部腱鞘炎、指间关节扭挫伤、膝侧副韧带损伤、小腿肌肉痉挛、踝关节扭伤等。

复习题

（1）急性腰损伤可用哪些手法按摩治疗？

（2）治疗腰背筋膜炎可用什么样的手法按摩治疗？

（3）肩袖损伤应怎样按摩治疗？

（4）肱骨外上髁炎应怎样按摩治疗？

（5）大腿后部屈肌拉伤应怎样按摩治疗？

（6）髌骨劳损应怎样按摩治疗？

（7）落枕可用什么样的手法按摩治疗？

（8）治疗岔气可用什么样的按摩手法？

（9）肱二头肌长头肌腱腱鞘炎应怎样按摩治疗？

（10）桡骨茎突部腱鞘炎应怎样按摩治疗？

（11）膝侧副韧带损伤应如何进行按摩治疗？

（12）小腿肌肉痉挛应怎样按摩治疗？

（13）踝关节扭伤应怎样按摩治疗？

（14）指间关节扭挫伤应如何进行按摩治疗？